———— 众筹金融系列丛书 ————

众筹的解放

ZHONGCHOUDE JIEFANG

刘文献 李利珍 ◎ 著

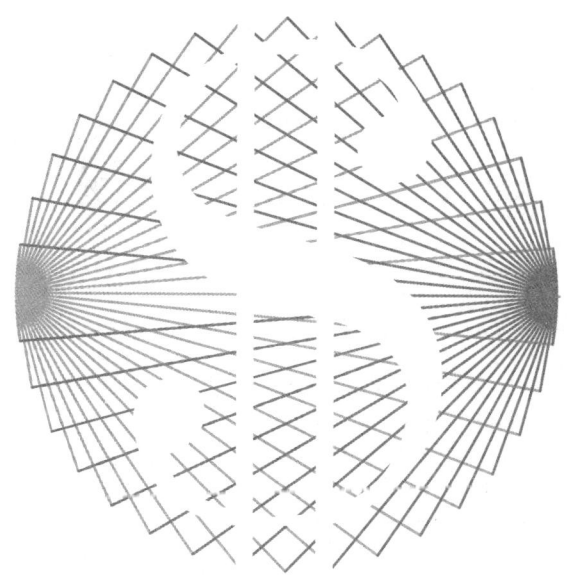

中国财经出版传媒集团
中国财政经济出版社

图书在版编目（CIP）数据

众筹的解放 / 刘文献, 李利珍著. —北京：中国财政经济出版社，2016.11

（众筹金融系列丛书）

ISBN 978 - 7 - 5095 - 7039 - 5

Ⅰ. ①众… Ⅱ. ①刘… ②李… Ⅲ. ①融资模式 - 研究 - 中国 Ⅳ. ①F832.21

中国版本图书馆 CIP 数据核字（2016）第 245100 号

责任编辑：周水琴　　责任印制：刘春年
责任校对：张　凡　　版式设计：丁丁图文

中国财政经济出版社出版

URL: http://www.cfeph.cn

E - mail: cfeph@cfeph.cn

（版权所有　翻印必究）

社址：北京市海淀区阜成路甲 28 号　邮政编码：100142
营销中心电话：010 - 88190406　北京财经书店电话：010 - 64033436
北京时捷印刷有限公司印刷　各地新华书店经销
787×1092 毫米　16 开　15.75 印张　210 000 字
2016 年 11 月第 1 版　2016 年 11 月北京第 1 次印刷
定价：48.00 元
ISBN 978 - 7 - 5095 - 7039 - 5/F·5636
（图书出现印装问题，本社负责调换）
本社质量投诉电话：010 - 88190744
反盗版举报热线：88190492　88190446

大数据金融丛书编委会

顾　　问　陈　刚　刘文新
主　　任　王玉祥　曹　彤
副 主 任　罗佳玲　刘文献　王作功　杨　东

编委会成员

简　毅　罗尧重　胡东婉　吴红军　陈宗权　王大鸣　李忠祥
朱志刚　刘建华　王叁寿　梅　林　王恒壮　艾文华　姜　安
王宁桥　曹　锋　武源文　栾明月　李梓正　刘明杰　杨　锐
段建民　张　冲　周　沙　夏　平

众筹金融系列丛书编委会

主　　任　王玉祥

执行主任　罗佳玲　刘文献　杨　东

副 主 任　罗尧重　李利珍　杨　云

编委会成员

曹　彤	王作功	朱志刚	陈宗权	刘建华	梅　林	艾文华	吴红军
简　毅	胡东婉	姜　安	王叁寿	王宁桥	李宗祥	曹　峰	武源文
栾明月	王恒壮	王大鸣	杨　锐	陈　爽	赵大新	彭山虎	

薛　亮	何永智	刘明杰	李梓正（哈尔滨）	李梓正（北京）			段建民
张　冲	陈耀辉	郑　林	刘明杰	郭乐兴	宋　清	丁尚云	曲锐博
涂　勇	袁　野	周　薇	邓江膺	刘树文	王兮泽	区朝斌	李清河
李　健	廖　芳	吴文辉	梁中国	王　璞	李　莉	严　旭	胡毅军
范振勇	许振凯	罗　宇	张贵金	腾金岳	文誉儒	张红军	

叶　梓	曲　鹏	刘文勇	彭　雪	谢忠强	庄士鹏	朱加庆	陈江涛
李　洁	张　叶	付小川	刘俊麟	张锦辉	任　芳	吕晓莉	华　山
刘　毅	魏文君	陈　勇	区　志	秦志远	张慧刚	严　京	甄先红
娄春月	刘懿平						

CONTENTS 目录

推荐序一　大数据金融时代的众筹解放　　001
推荐序二　解放众筹新世界　　009
推荐序三　人类社会的新金融革命　　015
序　源于贵阳的众筹金融新天地　　021
前言　飘在半空写　　031

第一章 众筹启示录

第一节　众筹的沉思　　003

第二节　众筹的明天　　008
　　众筹不再神秘　　008
　　众筹与传统金融相融合　　008
　　重塑众筹法则　　009
　　平衡创新和风险控制　　010
　　股权众筹有机会走出新格局　　011
　　收益权众筹将被更广泛应用　　012
　　众筹平台体系格局逐渐明朗　　013

第三节　众筹生态圈　　017
　　监管者的能量　　017
　　众筹平台的能量　　018
　　众筹参与者的能量　　019
　　第三方机构的能量　　020
　　脑洞区：互联网金融双生花：P2P和众筹　　021

第二章

众筹的解放和解放的众筹

第一节   反向众筹 ———————————————— 031
            上市公司直接面向 C 端众筹   031
            上市公司将众筹看作试验田   033
            上市公司反向对冲的想象空间   034

第二节   P2P + PPP 众筹 ——————————————— 036
            以北京 4 号线 PPP 项目为案例   036
            PPP+P2P 就没有风险吗？   038
            5P 项目的风险控制   039

第三节   大数据众筹 ———————————————— 041
            众筹本身可以筹集大数据   042
            大数据是众筹的精准依据   043

第四节   供给侧众筹 ———————————————— 045
            供给侧众筹能有效降低供给过剩   045
            供给侧众筹为企业完成产品定位   047
            众筹颠覆供给侧产品提供方式   048

第五节   全民式生活化众筹 —————————————— 050
            马拉松的"众"众筹   050
            众筹"敬业福"全民狂欢   052

第六节   共享经济众筹 ——————————————— 054
            众筹共享任何最牛专家   054
            共享众筹置换资源   056
            脑洞区：当众筹遭遇"想象力爆棚"   058

第三章

众筹 + 社交 = 角色化

第一节 众筹和社交是一对亲密伙伴 065
　　社交工具掌握社会网络强关系 065
　　众筹的互联网社交特点 066

第二节 社交思维众筹 070
　　寻找"带头大哥"收割社交红利 071
　　注重线上线下积极互动 073
　　社交场景的主动置入 074

第三节 众筹社交的角色化 077
　　众筹源头：发起人 078
　　众筹的重要支持者：领投人（领筹人） 079
　　众筹的广众支持者：投资人 081

第四节 领筹系众筹社交六角色 083
　　强化社交传播角色 084
　　提升了角色的细分性和专业性 085

第五节 角色社交化到专业化 087
　　专业机构领投，靠谱吗？ 088
　　机构领投 PK 产业领筹 089
　　脑洞区：社交传播双刃剑 091

第四章

众筹之城——被众筹点燃的城市

第一节　众筹之都贵阳 ... 099
　　与世界对话的交流高地 ... 099
　　贵阳打造众筹第二极 ... 101
　　贵阳有大作为 ... 102

第二节　众筹之都伦敦 ... 106
　　市场增长迅猛 ... 106
　　监管张弛有度 ... 107

第三节　股权众筹发源地硅谷 ... 109
　　大名鼎鼎的《JOBS法案》 ... 109
　　硅谷众筹模式引领者 ... 110
　　中小企业融资困境 ... 110
　　脑洞区：如果众筹城市化、社群公社化 ... 111

第五章

我的世界众筹大会

第一节　从1元到1万元的万倍增长 ... 119
　　从1开始 ... 120

第二节　三段赛制，数读大赛 ... 122
　　1变3机制 ... 122
　　三段赛制 ... 122

| 第三节 | 发行赛，守着最后的风险 | 128 |

规则一：1.8 万元上限　　128
规则二：发行赛终极风控　　129

| 第四节 | 大赛和众筹的外向型性格 | 132 |

脑洞区：互联网时代哪个"O"更重要　　135

第六章

伫立交易所之巅

| 第一节 | 众筹金融交易架构大师 | 141 |

| 第二节 | 交易所的核心价值 | 146 |

交易所的定价职能　　146
交易所的交易职能　　148
交易所是直接融资核心载体　　149

| 第三节 | 让资本市场回流的股权众筹 3.5 板 | 151 |

脑洞区：众筹理想国猜想　　155

第七章

"解放"与"众筹"

| 第一节 | 互联网金融 PK 金融互联网 | 161 |

互联网和金融，两种必须融合的基因　　162
AI 金融时代叩响门环　　163
众筹加快互联网化步伐　　164

第二节	还众筹以市场	166
	关于牌照的悖论	166
	让风险坦荡存在	167
	打破刚性兑付	168
	完善退出通道	169

第三节	大数据风控铁笼	170
	系统风控监管机构	170
	建立和集成征信体系	171
	AI 和区块链技术	172
	精准财务数据披露	173

第四节	2016 年后，众筹"强纪元"	175
	合格众筹者资源	175
	平台公信力	176
	筹后管理能力	177
	众筹生态体系	178
	脑洞区：电商众筹这朵花奇葩吗？	180
	脑洞区：大数据风控就是救世主吗？	183

附 录

附录 1	刘文献院长伦敦大学致辞	189
附录 2	刘文献院长在与利物浦市长见面会上的致辞	192
附录 3	巴里·舍尔曼致王玉祥副市长的一封信	195
附录 4	2015 年中外嘉宾在世界众筹大会上的观点	198
附录 5	贵阳众筹金融交易所	201

后　记　大众筹时代的大解放　　　　　　　　　　　203

推荐序一　大数据金融时代的众筹解放

近年来,贵州和贵阳通过发展大数据产业战略"弯道取直",实现了跨越式创新发展,受到了党中央和国务院的肯定,获得了社会各界的高度认可,也获得了国际社会的高度关注。贵阳市连续多年实现GDP两位数增长,其GDP增速多年位居全国省会城市之首。2016年5月,李克强总理出席了在贵阳举办的中国大数据产业峰会暨中国电子商务创新发展峰会开幕式时,高度肯定了贵州的发展模式,他说:贵州是美丽多彩的省份,但是地处西部,由于地理环境和自然环境的约束,是欠发达省份。中国发展不平衡,表现为区域发展的不平衡,主要是东西部的差距。但是,其实在贵州这样经济欠发达的省份,高端产业创新却是当下的热烈讨论话题,贵州在发展大数据、云计算、物联网上,把"无"生了"有",也让贵州围绕信息技术的先进产业业态产品绽放了活力。贵州的发展和变化,说明在大数据、云计算、物联网所代表的新一代互联网发展趋势背景下,所有国家和地区只要通过努力,都可以站在同一条起跑线上,落后地方甚至可以抢占先机。

中共贵州省委常委、贵阳市委书记陈刚在最近视察贵州金融城时强调指出:要围绕国家大数据综合试验区、国家生态文明试验区和内陆开放型经济试验区建设,进一步清晰发展定位,突出大数据金融特色,打造大数据金融中心;要突破传统金融城发展思路,积极适应互联网、大数据特征,形成新的发展模式和业态,建成以大数据金融辐射全国乃至全球的特色金融中心。

贵阳在建设全球大数据金融中心的顶层设计下，也同时在思考、梳理、规划贵阳的众筹金融创新生态体系，并对"解放众筹与众筹解放"的系列理论创新，以及对众筹平台与领筹人制度的实践创新，及时做出总结与评估。在这个过程中，刘文献先生为中国众筹金融发展进程做出了非常有价值的探索。尤其是在当前中国，对互联网金融的监管与创新并重的时代背景下，在全球风起云涌的金融科技创新与跨境金融合作的强力推动下，在贵阳建设全球大数据金融中心的目标指引下，贵阳的众筹金融创新发展，具有非常重要的创新实践示范意义，受到了中国乃至世界众筹金融行业的高度关注。我们认为，众筹金融是大数据金融的核心组成部分，在互联网尤其是移动互联网带来的全球化众联的"众时代"，承担了社会组织尤其是企业组织变革、经济制度尤其是"双创"制度创新、生产过程众创众包重组、资源众筹、分配重构、社会众扶促进普惠金融等方面，具有不可替代的重要的结构性作用，众筹金融发展的健康成熟与否及快慢强弱程度，对大数据金融的发展有重大影响。

中国人民大学法学院副院长杨东教授认为：互联网＋金融＝众筹金融。我个人也非常认同他的观点。同时我也认为：大数据金融起于互联网金融，又高于互联网金融——包涵了互联网金融和传统金融。如果说互联网金融的代表形态可能是众筹金融的话，那么，如果把大数据金融比喻成一个无边无际的正在形成的新宇宙的银河系，众筹金融就是浩瀚银河系中的一个燦灿的星系，既是银河系不可分割的一部分，又是相对独立的一个有着自己生命系统的星系。

刘文献先生把众筹金融生态体系命名为领筹金融系，并详细规划了以众筹金融交易所为核心，内环环绕着世界众筹大会、世界众筹大赛、众筹金融协会、众筹金融研究院、众筹金融学院、众筹金融投资基金、众筹金融创客小镇、众筹金融双创孵化器、众筹金融产业园、众筹金融专业保险与行业银行等众筹金融平台；中环则环绕着以几十个行业和产业领筹人为牵头的产业领筹金融公司；外环则是浩瀚的企业、创客、经纪人、投资人、消费者、专业服务机构所组成的众筹交易世界。

构建一个立体生态的众筹金融生态体系，是刘文献先生众筹金融理论的代表性成果，也使他区别于一般的众筹金融学者而有了全局的高度。同时，在贵阳市市政府的支持下，他还带领团队和领筹人，展开了轰轰烈烈而艰苦卓绝的构建众筹金融生态体系的建设工作，为建设新世界众筹之都的梦想而付出艰苦的探索和努力。这些创新和实践，为他赢得了全球同行的认可和尊重。在我带领贵阳众筹金融访问团访问英国，并与英国政要和英国众筹界领袖交流的过程中，刘文献先生被他们尊称为中国众筹金融体系的开创者。

2015年10月23日至26日，2015世界众筹大会在贵阳召开，大会举办了开幕式主论坛及39场众筹专业与众筹行业论坛，吸引了全球约两万名众筹行业相关专业人士、创客、投资人及媒体记者参会，来自全球的1600多个创业项目受邀在大会参加同期举办的世界众筹大赛。2015世界众筹大会，在"双创""四众"、众筹金融体系创新与监管、众筹服务实体经济、众筹与传统金融合作、众筹交易新五板市场、全球跨境众筹合作、众筹人才培养、众筹扶贫、城市活动与全民众筹、知识产权众筹、大数据众筹金融等领域做了广泛而深入的研讨交流，获得了圆满成功，并在全球产生了积极而深远的影响，同时，也为贵阳迈向全球大数据金融中心的目标、为贵阳成为全国双创城市做出了积极贡献。

贵州省委副书记、省长孙志刚在2015世界众筹大会开幕式上表示，世界众筹大会是全球众筹领域领筹者、投资者、服务者和创意者交流合作的重要平台，是贵州开放、创新的重大机遇。原国家外经贸部副部长、博鳌亚洲论坛秘书长龙永图在主持大会开幕式时表示，这可能是世界众筹领域在中国的一件开创性的大事,也将成为中国大众创业、万众创新的历史进程当中一次引领性的盛会。在接受《人民日报》记者的专访时,贵阳市委书记陈刚表示这次大会是个新生事物,借着大会把大批70后、80后、90后齐聚贵阳,大家互相展示成果、交流经验,为"双创""四众"的发展提供宝贵的智力和实践支撑。他认为,现在政府应该为互联网搭台、为搭台者搭台,政府首先想到的应该是"筹众",即如何实现企业、投资者、创新者的共同参与,形成一个公共聚集的机制,让草根、平民有更多参与的可能,并且政府具有容错的精神对创新创业者至关重要。贵阳市委副书记、市长刘文新,在会见与会嘉宾时表示,希望越来越多的企业家和创客,创新"众创、众包、众扶、众筹"理念,让更多好项目在贵阳落地生根、开花结果,实现自身与贵阳经济社会共进步、同发展。

2016年11月,即将在贵阳召开的大数据金融信用体系建设与风险控制研讨会中,将会进行高规格、高水平、高层次的国际化的大数据金融的创新与风控研讨及阶段性成果发布。中英跨境众筹产业园、中英跨境众筹产业基金、中英跨境众筹交易板块、中英大数据众筹创新与风控课题、中英大数据众筹金融博士生合作计划等国际众筹合作成果都将发布亮相,这其中就有刘文献先生以及领筹人卓越领筹科技金融产业园李梓正董事长的贡献。

领筹人制度和领筹金融(集团)推动下的各个产业领筹金融公司构建,也是刘文献先生对众筹金融体系理论和实践创新的又一重要贡献。现在,一批产业领筹金融公司已完成成立工作,有的已初见成效,如:卓越领筹金融有限公司在中英跨境众筹领域的成果;五星金服生活金融有限公司在农村金融领域已合作建立了5000多个农村金融小超市进展;体育金融管理股份有限公司也开始了"楼云跳"青少年体育中心的全国规划布局;领筹移动电竞产业金融股份有限公司协助国家体育总局信息中心,与贵阳市市政府、中国大唐集团举办的首届中国移动电子竞选大赛,推动电竞小镇的建设。其他一些领筹人，如新华领筹消费积分大数据电商、天坛电影金融、领筹美食金融、神州趋缓扶贫金融、汇金众筹房地产金融、永恒领筹智慧能源交易、宋致旅游金融、南北巢领筹医养金融等，也都逐步有了产业众筹金融项目抓手，各类商业模式也正趋于成熟，假以时日，如果能够切实有效控制好各类风险，扎扎实实地做实做大，则完全可能看到贵阳众筹金融体系，服务更多实体行业和实体企业的成功范例。

贵阳众筹金融交易所是全球首个众筹金融的交易平台，刘文献先生作为董事长和贵阳财经大学贵阳大数据金融学院的执行院长，提出了一系列富有大数据金融特点，并且有良好市场价值和社会普惠意义的创新交易品种，比如三五板市场众筹交易品种、知识产权证券化交易品种、消费积分大数据交易品种、公共资产 RIETs 交易品种、智慧能源收益权交易品种等。我希望这些交易品种经过风控论证和试点工作后，能够更好地让众筹交易为实体经济服务。

贵阳在发展建设大数据金融中心的过程中，始终坚持创新和风控两手抓，两手硬。2016 年也是众筹金融创新和风控两手抓、两手硬的关键时期。贵阳市委书记陈刚同志很早就提出了大数据铁笼计划，就是要用大数据对政府审批权力、市场平台权力、企业公众融资权力和投资者的风险投资承受力进行全方位、全流程的监管和预警；同时，这也是更好地利用大数据帮助投资人对企业和项目进行更纵深、更全面和更智能的投资分析；此外也可以用历史大数据和大数据智能比对模型等手段，对投资会员的风险偏好和风险投资承受力进行评估、针对性培训、风险值预警及投资熔断。所以说，"责任铁笼"计划，也是打造贵阳全球大数据金融中心的必要条件和监管基础设施。

2016 年以来，国家加强了对互联网金融的监管，基本上形成中央政府及全国金融管理部门出监管政策，地方政府及地方金融实施具体监管的格局。

改革开放以来的中国金融发展史，是创新和风险管理的交替发展螺旋上升的发展史，所以也有经济学家认为金融就是经营风险管理，这句话虽不全面，但也道出金融和风险防范及价值发现相伴相生的本质。对于刚刚才几岁的中国互联网金融来说，关键是如何创新？又如何监管？创新的工作表面上看虽主要是由企业和创客来做，政府只要出好的支持政策并放手鼓励就好了。但对于身处大数据时代的中国创新来说，创新不能完全让市场处于自发的原始水平，政府如何开放管理大数据，构建大数据政府服务平台，提高创新的大数据服务能力，这是一个必须正视的问题，也是必须解决的一个问题。贵阳正在进行的探索和实践，就是一个非常积极主动和具有深远影响的重要尝试。当前，地方政府对互联网金融的监管，也缺乏非常有效的监管基础设施和监管的手段，所以同样不能让政府监管处于完全原始的状态，因为这样不但管不好管不住风险，反而有可能误伤了创新，而贵阳正在实施的数据"铁笼计划"以及多个系统的数控金融系统建设，就是要提升政府和互联网金融平台及从业者的大数据风险防范能力。正是从上述大数据创新和大数据风险防范的意义上来说，我们认为：大数据金融，起于互联网金融，又高于互联网金融。互联网金融就好比是个可以野蛮生长的原生金融世界，而大数据金融则是个有人类科学管理和价值服务的智慧金融世界。原始社会发展靠丛林法则，而现代社会发展靠技术创新基础上带来的民主发展与科学管理。毫无疑问，大数据技术无疑是当代最重要的奇点来临。贵阳正在形成一种共识：人类社会的每一次大进步和发展，无不起始于科技创新，完善于制度创新，成就于金融创新。

今天的贵阳，一座现代化的贵州金融城已拔地而起，屹立在中国西南部。围绕国家大数据综合试验区、国家生态文明试验区和内陆开放型经济试验区建设，进一步清晰金融城发展定位，突出大数据金融特色，打造大数据金融中心，突破传统金融城发展思路，积极适应互联网、大数据特征，形成新的发展模式和业态，成为大数据时代贵阳市发展的宏伟目标。

我们相信：富有责任感和使命感的企业和企业家，是市场创新和风险控制的最重要主体。今天，我们在全球大数据金融中心创新的大舞台上，来为包括从事众筹金融、互联网金融、移动金融、区块链金融、消费金融、文化金融、绿色金融、农村金融、科技金融等创新金融的企业和企业家搭台者搭台。特别是像刘文献先生这样创新金融的代表人物，是大数据金融时代"孔雀西南飞"的"贵漂"，更重要的是，他们以人生的大智慧、大执着、大努力和大激情，以不畏艰苦、不怕失败的勇气，正带领更多的企业和企业家团队向崛起中的全球大数据金融中心集聚，和贵阳相互成就，一群人和一座城市，共同的梦想，共同的未来。

2015年年初，我们在北京邀请刘文献院长来贵阳发展的时候，他刚完成《解放众筹》大作，他以《解放众筹》一书，以无限的创新激情，预言、迎接并发起了以"双创""四众"为主题的世界众筹大会，推动形成了众筹金融的创新格局。

2016年秋天，他以众筹金融体系构建的新实践和新思考，写成《众筹的解放》一书，以凤凰涅槃的心态，再次迎接、推动参与发起2016贵阳大数据金融信用体系建设和风险控制研讨会。我们深信并期待，《众筹的解放》对未来的大数据金融，特别是众筹金融将产生深远的影响。

像跳舞一样，左脚创新，右脚风控；像季节一样，有冬天，就会有春天。我们相信，在贵阳大数据金融发展的星空中，众筹解放和解放众筹，都将为我们带来解放和被解放的巨大梦想和澎湃前景。

是为序，不仅为本书。

王玉祥

2016年10月10日于贵阳

王玉祥，博士、贵阳市人民政府副市长、中国电子商务协会移动金融专委会会长、中国大数据金融产业战略联盟执行理事长、世界众筹大会秘书长。

推荐序二 解放众筹新世界

我们的世界是被重新构筑了的。这是启用数码技术的网络革命所重构的世界——不只是数字世界,甚至在商业世界中,也包括我们生活和工作的整个社会。在我们的星球上,互联网金融不是一场静悄悄的革命,而是从根本上比以往任何时候都更快地在改变着国家和人类文明本身的历史,它是一场无止境的革命。变革无国界,即使有语言和文化的障碍,它的障碍也不过是洪流中的岩石。当我们改变这个世界时,它反过来也影响着我们和我们的社会。

那些明白这一点的人知道我们正在经历一个历史性的时刻,我们正处于为子孙后代打基础的阶段。他们是我们未来的设计师,是我们人类的未来。电子商务和社交网络,都只是个开始。新的世界格局将会被重新建立,它不仅是新世界的基础设施,而且是能提供一种建造这个新世界的框架,甚至是蓝图。

金融科技是下一波高潮。数字技术已使人们能够第一时间利于网络享受付款、资金和财务服务。这将触及所有人的生活,并且将深层次地改变全球的商业模式和工作方式。众筹是科技金融的前沿。它为未来的经济、为企业家们提供了一种全新的模式,并且形成一种新的文化——分享或共享于全球新的经济圈。这个新世界的建筑师不是由单纯的技术人员来扮演,而是那些有视野、有远见、理解它,并借助互联网科技的支持而直接构筑这段伟大历史的建筑者们。

这就是我为什么很高兴并很荣幸遇见刘文献先生的原因。他作为中国的众筹创新领袖之一(我们英国同仁亲切地称他为"中国众筹金融之父"),在他随贵阳市副市长王玉祥（一位在金融领域有远见卓识的官员）率众筹金融代表团，访问我创立的英国众筹中心时，他同意在全球众筹平台上和全球的众筹视野中，讨论我们合作的工作以及金融科技和全球众筹等重要问题。他是世界上很少的能够理解众筹这个新事物的力量，从而帮助设计、计划和建设这种未来经济的建筑师之一。在中国以外更广阔的天地，有很多人会发挥这种作用，但他们缺乏对这方面知识的深度了解，以及如何加强全球经济联盟。当然，全球金融界甚至还有一些人，只会贪婪、关注自己的利润。但是仍然有少数人，他们理解、关注这是一个机遇，一个真正为我们子孙后代创造美好世界的机会，同时也为我们自己带来希望和目标。

刘文献先生带领团队，以非凡的努力和忘我的工作，在中国贵州省政府、贵阳市政府的支持下，在中国相关金融管理部门的创新规范指导下，已经在全球开创性建立起一种全新的众筹金融生态系统，它包括举办对全球众筹有深远影响的世界众筹大会，成立全球第一个众筹金融交易所和众筹金融托管登记中心，创办众筹金融学院、众筹金融研究院、众筹金融协会、众筹金融小镇、众筹金融投资基金、众筹金融科技产业园等，甚至还有创立国际众筹银行和国际众筹保险公司的设想。同时，非常难得的是，他以世界领筹金融集团为基础，和24位不同行业的领袖企业家，成立了24家产业众筹金融领筹公司，涵盖了科技领筹金融、体育领筹金融、扶贫领筹金融、电影领筹金融、天使投资领筹金融、农村领筹金融、新能源领筹金融、餐饮产业领筹金融、移动电竞产业领筹金融、知识产权领筹金融、消费积分领筹金融、大数据领筹金融等众筹与产业融合创新的范畴。

刘文献先生集一生之智慧和梦想，从中国首都北京"贵漂"到西南部的"中国最佳创新城市"之一的贵阳，为我们未来世界所描绘的和开创建设的众筹金融生态体系宇宙，其体系之宏伟，其产业结合之深入具体，其城市交融之细微，其创客创新共享之持久，令人叹为观止，为我们呈现了他称之为新世界众筹之都的画卷。虽然，当中的很多构想需要很长的时间来建设和完善，甚至可能有些还会失败。但是感谢贵阳，一座贵阳市委书记陈刚先生称之为有"容错精神"的创新城市，它以宽容失败、鼓励创新的勇气和精神，为全世界的众筹人提供了一个了不起的众筹金融之城，一个令全球众筹人向往合作的"世界众筹之都"。

这就如同贵阳依靠"弯道取直"发展战略短短三年一跃成为全球大数据之城一样，中国总理李克强不久前在这座城市的金融城中，指出贵阳的实践表明：中国的欠发达城市，是可以凭借创新，抓住人类创新的机遇，实现从无到有甚至到领先的跨越式发展路径的。其实，这也是全球各个地区的机遇。贵阳众筹金融代表团在英国和利物浦等多个城市及多个大学签署了众筹金融合作协议，包括共同发起世界众筹联盟这样一个全球 NGO 组织（我高兴地知道在刚刚结束的联合国 NGO 大会上也通过了这个倡议），共同举办两年一届的世界众筹大会（希望在贵阳、伦敦或其他全球的众筹之城轮流召开，可以更好发挥世界众筹大会的全球影响力），尤其在经济务实的成果上，由中英双方发起成立了在中英跨境众筹产业园区和中英跨境众筹产业基金，一开始，这主要是由利物浦市政府和贵阳市政府来发起的，由贵阳众筹金融交易所和贵阳卓越领筹科技金融产业园区来推动的，现在有越来越多的英国北部城市和中国创新城市想参与其中，我们非常期待在今年 11 月初，在贵阳召开的大数据金融信用体系建设与风险控制系列峰会中，中英多个市长参加的"中英 N + N 城市跨境产业众筹圆桌会议"能够成功举行，希望这可以从城市发展和产业促进方向让更多城市理解并用好众筹，为世界众筹开拓一个新的境界，这也是刘先生所说的"大众筹"的创新和超越价值。在中国和全球众筹监管趋于严管的今天，地方政府、行业企业、研究单位、创业创新者、传统金融机构及监管者，共同围绕众筹实体经济发展进行实践创新总结，围绕中国国家主席习近平在 G20 峰会所讲的"数字普惠金融"目标进行规划设计讨论，是非常必要和重要的共识。我十分荣幸参与了上述世界众筹联盟的发起及有关中英跨境众筹的研讨和交流。我也向中国的同行介绍了全球共享的智慧网络和基于大数据的众筹金融技术，中英众筹同行的不同体系实践和模式创新，为双方的未来开拓了一种崭新的合作视角。

我自己的工作以及与英国议会的合作，已经说明拥有这样的视野是多么的重要！这种视野是由那些为我们国家未来制定政策和计划的人提供并用于分享的。这有助于帮助他们了解新世界，一种全新的可能性呈现在我们面前。英国新任首相特蕾莎·梅前不久谈到，中英经贸关系正处于新的黄金时期，在这样的背景下合作，中英众筹产业金融的合作及人才培养和全球大数据网络方面的合作有着更为广泛的全新意义。几年前，当我们开始工作时，英国滞后很多年，但自从掌握了开放的数字网络化经济和拥有了金融科技的创新，就为我们下一阶段创造了有利机会，并且登上了一个更加开放的舞台。一些人担心中国可能超越英国在世界处于领先地位，我不这么认为。因为有像刘文献先生那样一批支持、理解我们工作的人。我相信未来这里将和其他地方一样，形成一种协作伙伴关系，我们也致力于帮助刘先生他们的众筹金融交易所落户英国开个分所，甚至合作推动在英国或马恩岛创设国际众筹银行。

伦敦和贵阳都是向世界众筹之都目标努力建设的城市，中英众筹各有特色，可以在众筹金融体系建设、众筹金融文化、人才培养、产业融合，尤其是运用大数据进行监管等方面，在日益发展的基础上建立一种紧密合作关系，共同努力，这在以前是难以想象的。

现在，我们非常期待包括大量政府官员、学者、企业家、金融家的庞大英国众筹代表团即将访问众筹创新之城贵阳，并非常期待首批挂牌贵阳众筹金融交易所以及入驻设在贵阳综合保税区的中英跨境众筹产业园的英国科技企业能够成功发展，我也祝愿伦敦商业金融学院和贵阳财经大学大数据金融学院合作的大数据众筹金融博士生培养计划能够早日开始。当然，我也非常期待我称之为"数筹"的全球大数据众筹系统能早日合作建成，让全球众筹人共享全球众筹的大数据资源，帮助全球众筹更好控制风险和更容易成功。

人类因互联网和物联网的改变，比历史上任何时候都处于众时代，通过这种跨境全方位众筹合作，我深信有助于为全球的创新创业者带来希望、目标和繁荣。这种双赢的众筹合作关系，将为我们的子孙后代众筹创造一个更美好的众世界。

最后，预祝刘文献先生的《众筹的解放》顺利出版。听说《解放众筹》在中国业界产生了很好的影响，很多企业家买到书后连读几遍，我猜想就是那种解放的思想和众筹的精神，可以帮助他们打开一个新的大门，点燃起他们创造的梦想，让他们的思想和行动走得更远。

我非常怀念在谢菲尔德大学孔子书院的那个下午，我和刘先生畅谈了人类众筹的开始和未来，虽然我们的观点并不完全相同但互相吸引，我们把对未来的蓝图写在了一张白版纸上，刘先生小心翼翼地把这张图纸收好并半认真半开玩笑地说：这是众筹新世界的规划图纸。我非常希望在不远的将来能够与刘文献先生一起，与全球大数据智慧网络的创客创新者、实践者、城市管理者、学者、金融家、监管者以及解放者，用我们在全球不同的众筹实践和思考，共同众包众创一本新著作，真正帮助解放早晚会来的人类众筹新世界，谢谢！

巴里·詹姆斯教授

巴里·詹姆斯教授，国际众筹数据中心创始人及执行总裁，英国众筹中心创始人及执行总裁，英国朴茨茅斯大学商学院访问学者，英国国会众筹与非银行融资多党议会组秘书处负责人，著有《筹资新航线——众筹》。

身为技术专家和系统架构师的巴里，同时也是历史的创新者和连续创业家,并且是成功的科学家及心理学家,还是优秀的演讲者、作家和研究员。作为公认的世界创新权威,他在新领域上建树颇多,在相关话题上做过大量讲演并发表过很多文章,尤其是在创业、创新、社会未来与数码、世界经济的数字化和网络化等话题上。

巴里主要作为生态系统工程师开展其咨询工作,并且在英国进军前沿金融科技以及替代融资领域的过程中,产生了很大影响力。英国政府及监管机构主张通过创新思维和公共政策提案来拥护金融创新新航线的开辟,由此,英国农业信贷署首个"项目革新"监管创新单位成立了。

他的著作跨越了学术、商业与实践、研究与发展领域之间的传统界限。巴里一直致力于构建一个全球化的众筹大数据中心,支持创新者,支持各类型企业家,鼓励他们所创立的企业的现代商业经营方式愈加创新,使其能更好地适应新经济和新未来,这是一种面向众筹新世界的革新式的改革。

推荐序三　人类社会的新金融革命

技术创新与制度创新的交织共同推动着人类社会的进步。技术创新带来的生产力发展引发制度创新，而制度创新又进一步释放了技术创新的潜力，可以说，产业变革与人类社会的进步始于技术创新而成于制度创新。正是因为有了股份制，将分散的私人资本联合起来形成集中的股份资本，生产规模得以扩大，才能让蒸汽机走出实验室，广泛应用于火车、轮船、印刷机，才有了第一次工业革命，进而有了社会经济的腾飞。第二次工业革命在能源、交通运输、通信等领域的巨大进步，兴办大型企业对巨额资本集中的需求与私人资本有限性之间的矛盾更为突出，伴随市场关系、信用环境、法律制度的日益发展，以社会大生产为基础的股份制成就了占统治地位的企业组织。进入信息社会，特别是在未来万物互联的时代，传统产业被"互联网＋"所改造，信息沟通成本大幅降低，边际成本近乎为零，垂直集中已经不是发挥最高效率的生产模式和管理模式。互联网技术的发展使得生产方式、管理模式发生根本性改变，这种改变产生了共享经济的基础，使得人类社会进入协同共享的时代。

"互联网＋"不是一次简单的技术进步，其在技术进步基础之上会促进信息革命之外信息社会生产力的大解放，而这种生产力的解放和突破，必然会导致社会关系、社会制度的巨大变革。当前的中国正处于经济社会的转型期，两股势力即创新的力量和传统的金融法律体系的监管时常发生碰撞。传统的生产关系正在遭遇巨大的冲击，这样的冲击不仅仅是中国的一个转折点，也是人类社会的一个巨大的转折点，而中国正在引领这一转折。

互联网是技术，众筹是制度，综观人类社会历次重大进步的发展阶段，都是始于技术创新，而最终起决定性作用的则是制度创新，"众筹金融"的伟大变革同样如此。我很早就提出，"互联网＋金融＝众筹金融"，理论依据是基于对互联网本质的分析，它实际上是实现了信息的可对称，解决了人类社会因为信息不对称所造成的金融的中介化。

众筹金融实际上是人类社会的第二次金融革命。第一次是从商业银行体系到资本市场体系，从间接融资到直接融资；第二次是从直接融资、资本市场体系转向众筹金融体系，整个过程朝着打破中介化、打破机构化，实现点对点的信息对称下的金融方向发展，重构金融体系，基本要素就是去中介化、去机构化。P2P，去银行化；股权众筹，去资本市场的交易所化，尤其是要打破PE、VC等传统金融组织、金融机构的投资模式，消除委托代理机制的缺陷和不足。所以从根本上来讲，众筹金融的本质就是实现信息的对称，并且具有大众性、多样性、直接性、协同性、去中介性，实现了金融本质的回归。众筹金融能够更加高效、快速、便捷、低成本地实现金融的目标，而且使金融与产业更加高度的融合，使金融内生于产业当中，产业和金融在未来将是不分彼此、高度融合在一起的。传统金融体系银行和资本市场，无法实现普惠金融的功能，覆盖不了最底层、最基础的群体。走传统的路子，成本太高，商业银行不可能完全下沉到小微企业；资本市场也不可能让很多企业去上市，就算目前中国推出注册制改革，真正能上市的也就几千家，新三板今年一万家，明年两万家，最多也就是几万家而已。但中国绝大部分的企业是中小微企业，有几百万家、几千万家，真正能够获得融资的1%都不到，99%以上的这些企业怎么办，传统金融体系无法实现这种功能，这就要靠"互联网＋"新的技术，从而实现这样一个金融功能。

众筹不仅是一种"资本为王"的融资行为，其更大的意义在于"以人为本"的社会资源低成本有效整合方式。从这个意义上说，"互联网＋"就是一个众筹生态圈。"众筹"一词最初来源于英文"Crowdfunding",是Crowdsourcing(众包)和Microfinancing(微型金融)二词含义的融合。这个传统的集资概念,我个人认为还不足以表达"互联网+"时代的新的制度革命,它是一个新的制度,与传统的模式都不一样,毋宁用"We Finance",与共享经济的"We Economy"一脉相承,意味着未来的"互联网+"时代,是一个共享经济的时代,也是一个共享金融的时代,让人人能够成为金融服务利用者,也让所有的中小企业能够享受金融服务。

对"四众"的含义进一步深挖我们可以发现,其实它所表达的就是一个广义上的"众筹"的概念。从广义的角度讲,众筹不再是简单的筹集资金,这在"互联网+"时代已经落后,众筹应当是以资金为纽带,通过筹集资金去筹集资金背后的"人"。好的项目、好的企业,可能最不缺的就是钱,它缺的是助力其发展壮大的资源,通过"钱"来找"人",去筹集人所能带来的其他无形资源,如技术、人脉、市场,等等。所以,广义上的众筹是一个系统的资源筹集,它包括筹资、筹智、筹资源、筹人脉、筹管理、筹IDEA、筹市场、筹营销、筹创意,等等。因此,广义众筹可以用来支持各种活动,众筹的内容也不限于资金,还可以包括信息、创意,甚至朋友圈。其与股份制最大的区别在于这样一种制度是以人为核心的,而不是以资金或资本为核心。这样一种制度创新,与"共享经济"(也就是李克强总理在大连达沃斯论坛上讲的"分享经济")完全契合。

我们提出自己的众筹金融的概念及其相关理论后,得到了贵阳市委陈刚书记和市政府王玉祥副市长的大力支持,我配合刘文献先生,在贵阳进行了大量的实践,包括贵阳众筹金融交易所,以众筹金融交易所为核心形成了一个集众筹金融小镇、众筹金融研究院、众筹金融学院、众筹金融基金、众筹金融保险、众筹金融银行以及80多个各个行业的领筹金融机构等为一体的众筹金融生态体系。2015年上半年,习近平总书记、李克强总理、马凯副总理等党和国家领导人莅临贵阳考察，贵阳市委、市政府相关领导也汇报了贵阳大数据交易所和众筹金融交易所的情况。贵阳的众筹金融实践之所以能获得党和国家的高层领导以及社会各界的广泛认可，正是因为其符合当前"大众创业、万众创新"的大趋势和方向，是帮助传统企业转型升级的重要方式。

马克思曾说，股份公司是人类历史上最伟大的制度发明。众筹是与股份公司同样伟大的制度发明，其想象空间和发展潜力无限大。众筹实则古已有之，但在人类历史上从未像如今这般瞩目，也从未占据如此重要的地位。在万物互联的信息时代，众筹的价值才真正得以体现。我认为，众筹社会主义是在"互联网＋"背景下，以众筹的方式，打破金融垄断，发展普惠金融，解放和发展生产力，实现最广大消费者的福利，并最终实现共同富裕。众筹社会主义是金融社会主义理论的核心，是中国特色社会主义理论体系的应有之义，是发展普惠金融、实现共同富裕的价值外化，是社会主义优越性的重要体现，是理论自信、道路自信、制度自信的重要保障。众筹充分体现了协作共赢的思想，彰显了金融社会主义的文化价值和内涵，符合社会主义的本质要求和一般规律，与先进生产力高度契合，是生产关系的先进调整方式。众筹可以巩固发展中国特色社会主义市场经济，符合社会主义初级阶段的基本经济制度，参与了社会主义初级阶段的分配过程，维护了社会主义市场经济体系，并促进转变了经济发展方式和建设创新型国家。与此同时，众筹应当严格依循全面依法治理的内在逻辑，呼唤合法规范化的筹资方式，依赖完备的法律规范体系，需要严密的法律监督和有力的法律保障，这对依法治国提出了更高的要求。

我相信，以众筹为核心的众筹社会主义理论是新时代具有中国特色、中国情怀、中国气派的理论体系，其在服务小微、三农、普通民众，创造极大物质财富，实现全民族共同富裕的同时，更是实现中华民族伟大复兴的有力武器。我在此郑重推荐刘文献先生的《众筹的解放》，刘文献院长以他认真执着的坚持和宏伟深入的众筹金融体系构建、探索与实践，赢得了世界同行的关注和尊重，赢得了贵阳等一批创新城市的支持合作，赢得了众多中小企业和创客们的感谢和期待，他和团队以创新实践和理性思考写就的该书，将会打开众筹理论的一扇窗户，从中投射出思想和智慧的火光，在众筹发展的历程中留下浓墨重彩的一笔，并促动解放我们的众筹思维，为彻底解放众筹的生产力贡献不可或缺的绵绵智慧之火！

杨　东

杨东教授为中国人民大学法学院副院长、教授、博士生导师，"众筹金融社会主义"理论奠基人，教育部首批青年长江学者、互联网金融科技与安全研究中心主任、互联网与信息法律研究所执行所长。全国人大法工委、财经委《证券法》《期货法》《电子商务法》专家组成员。国家互联网金融安全技术专家委员会委员、中国人民银行现代支付与互联网金融研究中心学术委员。

杨东教授在《中国社会科学》《Hongkong Law Journal》（SSCI）等发表中外论文80多篇，并出版《金融服务统合法论》（该书获得教育部第七届高等学校科研优秀成果奖三等奖）等共160多万字的著作，是我国金融统合法理论和众筹金融理论的提出者，著有书籍：《金融服务统合法论》《金融消费者保护统合法论》《赢在众筹》《互联网金融第三浪：众筹崛起》《互联网＋金融＝众筹金融》《互联网金融风险与安全治理》。

杨东教授是我国近年来涌现出来的领军级的青年法学家，主要研究方向是互联网金融、金融消费者保护、证券法等，尤其在互联网金融方面，杨东教授已是国内最权威的学者之一。在智库成果方面，杨东教授积极为中共中央政策研究室、国务院互联网金融专项整治办公室、人民银行、贵阳市政府、中国银联等提供研究报告，得到马凯副总理、周小川行长等相关领导的批示和肯定。在法制宣传方面，他曾在《人民日报》发表多篇文章，多次接受中央电视台的采访，还经常在光明网、新华网、财新网、《金融时报》《证券时报》《上海证券报》等撰写文章，为宣传我国的社会主义法治理念做出了贡献。在法治实践方面，他积极参加工信部、银监会、证监会、保监会、国家互联网金融安全技术专家委员会以及互联网金融企业的活动。特别是作为全国人大法工委、财经委的证券法、期货法、电子商务法的专家，积极参加了相关法案起草修改工作，得到了全国人大财经委的书面嘉奖。在法学教育方面，他也取得了丰硕的成果。

杨东教授一直投身于众筹金融理论的研究和实践，主导建立了"众筹金融研究院""中国人民大学金融科技与互联网安全研究中心"等高端智库，致力于打造"政产学研用"体系的中心，并整合资源、融汇理论与实践。

序　源于贵阳的众筹金融新天地

我，深信，解放是一种信仰。

解放意味着自由、进步、高效和普惠，意味着可能的秩序颠覆翻身和属于你的新世界的诞生。而众筹，则始终是人类金融解放的工具之一，只是在不同的年代，她有着不同的化身和面貌，人们对她有着不同的认识和需求，像那个始终站在时空交叉点上的斯芬克斯狮身人面像，人们赋予她无穷的想象。

从我们进入众筹领域开始，应该说始终站在"解放"的第一阵线和战斗的前沿。2012年奥巴马签署《JOBS法案》，开始在全球刮起了众筹的风暴，给无数普通人、无数年轻人、无数创业者一个梦，一个通过互联网世界向陌生人寻求支持的梦。而中国李克强总理在全国两会上报告中对"双创四众"的推动，可以说是众筹时代的最强音，释放了一种解放现在通向未来的大智慧和新路径探索，带来了大众创业万众创新相互众联、众包、众扶、众筹的双创四众高潮。但众筹的崛起，一段时间内，不但给了屌丝金融爱好者希望，也给了很多高大上的传统金融达人新金融创业的热情，一时间，互联网金融和众筹金融的浪潮，很像美国当年的西部大开发一样，席卷了各色人等来跑马圈地开疆拓土。同样，众筹金融的横空出现，不但给了很多金融发达国家、金融一线城市机遇，也给了金融不发达国家、金融欠发达城市迎头赶上甚至弯道超车的可能。这是众筹金融的普惠金融属性所决定的，也是所有人所有国家被压抑的金融创新的一次解放释放。

历史上"解放"的最后成功，通常并不属于没有资源和没有组织的屌丝，但可能属于从屌丝成长为有组织、有纪律、有理想、有信仰的专业团队。解放的开始，通常都伴随着混乱甚至破坏，但充满了激情和想象，在新旧生产力的反复博弈之中和社会结构的重组之中，人们会做出自己的选择。当代社会，人们喜欢乔布斯这样的解放者，但也喜欢巴菲特这样的传统投资价值守护神。

和历史上所有的解放都是短暂的波段一样，给予众筹客无拘无束无忧无虑创新狂欢只有那么短暂的一个夏天。因为，没有约束的解放显然吸引和鼓舞了许多混进了的伪解放者，他们不能够建设好一个新世界，他们不但没有专业的能力去控制风险，甚至一开始就有可能动机不良并且已表露出来一定的系统风险。这给反对者提供了反对甚至扼杀的理由。本来，也许未来金融世界的最高设计者希望通过一定程度的开放和摸着石头过河的探索，给予涌进互联网金融世界的创新者一定时间和空间，来探索创新甚至包容失败，但非常不幸，e租宝之类的贪得无厌让高歌猛进的互联网金融戛然而止，监管层吹响了整肃互联网金融的号角，一时间，媒体如同宣传互联网金融的奇迹一样推波助澜，这次是排山倒海的风险与失败的渲染，甚至是对互联网金融的"污名化"（互联网金融千人会创始人黄震先生的观点）。其实，互联网金融的风险并不一定比每天都在发生的传统金融的风险大，但人们在风险来临时还是会更倾向于相信那些看起来历史更久、规模更大、性质更公有的机构和形态。就像大家已经快忘记了当年引起全世界震动的那些高铁事故，尽管当时同期也有高速公路上的大巴事故造成的悲剧一样大，但却很少引起世人广泛关注。高铁，现在已经是中国速度的象征，已经极大地改变了城市圈的构成，已经非常方便了我们的出行，所以，也有人说当年高铁诞生初期的那场事故以及所引发的高铁系统存废之争和人事大动荡，是诸多传统利益集团和境外不愿中国高铁崛起的政治集团的阴谋。虽然，这些尽管只是一个不切实际的猜测，但确实反映了新生事物崛起都有可能经历的典型对决场景。而所幸的是中国高铁认真从事故中吸取教训，卧薪尝胆，扬长避短，不断解放科技生产力和提高管理能力，大步前进，终于牵引我们进入令世界瞩目和自豪的高铁时代。我深信，中国的互联网金融和众筹金融也将如此并且也应该如此，真诚地拥抱怀疑，拥抱监管，切实从激情且自我循环泡沫、粗放型"解放"，转型升级到理性并服务实体经济的、风险可控的、"金融科技"型的解放，尽早代表中国新金融领跑世界。

从 2013 年年前，到 2016 年年后，我们看到众筹作为一种经济形态的变化。比如，产品众筹在明显的电商化，有时候甚至和团购面貌雷同；而被寄予厚望的股权众筹，在经历了 2015 年下半年的集体躁动后，2016 年过了大半之时，我们明显感受到那些攻城拔寨想要横扫旧时代的平台，正在战略性收缩战术性防御。有内部消息声称，某大集团，在内部将股权众筹业务做了隐形降级。

神奇的众筹在走向平庸？

这个结论大概可以忽悠那些不明真相，却喜欢人云亦云的吃瓜群众。对于这个行业内真正的"老司机"来说，众筹正在向更好的方向变化，可能正在经历眼前的"苟且"，但必将走向未来的"诗和远方"。

比如，股权众筹的竞争方式，正在从去年关注上线项目、融资额度，转变为和主板资本市场的联动。我们独创的三五板资本市场众筹联动，就是希望联通和突破主力资本市场与创新资本市场的通路，赋予众筹更多的市场业绩和渠道的众筹能力，与流动性欠缺但治理规范的数量庞大的新三板市场，进行商务和金融的价值对冲，回归到众筹金融的本质，通过促进多层次资本市场和多层次商业市场的融合来释放众筹金融的价值。我一直认为：众筹金融处于传统金融与商业市场的过渡地带，应该充分发挥好它的这种商务金融对冲转换角色，创造出经济发展不可或缺的一个重要环节，打造供给侧改革混合创新的根据地。这一点非常重要，可以让股权众筹在传统金融和实体经济的过渡地带找到自己的价值和使命，在中国经济改革升级的纵深广阔天地大有作为。

再比如，由我们在中国领先开创的第五种众筹——收益权众筹，现在受到越来越多从业者的关注，国内许多较大、影响力较高，甚至是最高的平台都已引入了这种众筹方式。只不过，有的平台仍旧称其为"收益权众筹"，而有的平台则命名为"消费版众筹"。当我们从其他平台 CEO 口中听到他们对这种创新众筹方式侃侃而谈时，他们不知道此时我们已把收益权众筹和传统金融银行信托的收益权产品做了深度同步对接，可以拓展出一个万亿元级别的收益权众筹交易市场。而在 2014 年 11 月，我们首个明星餐饮收益权众筹项目上线时，仍旧有很多人，包括专业人士如我们平台的保荐律师等，还非常纠结这一众筹方式的合法出身。但今天，我们的产品设计师们为这一中国原创的"第五种众筹"模式感到荣耀万分。

还比如，今天大家感觉有点跟团购雷同的产品众筹，内心仍旧燃烧着发现价值，支持创新，帮助他人达成梦想的伟大愿望。我们了不起的团队，已把消费积分交易与产品众筹结合在一起，引发新一代大数据消费金融电商的强力诞生和快速成长。在刚结束的全国首届消费积分大数据众筹论坛上，消费积分众筹被看作是大数据众筹和区块链底层技术的引领新时期风潮的大数据金融创新。

当我去看这些变化的时候，有一种"百感交集"之感。众筹，作为一种穿越时空的组织形态和众时代的生活方式、生产方法，它对经济和商业形态以及我们的生活，进行解放的壮志雄心从未改变。我们，作为众筹行业的从业者，虽然在解放的道路走得太远以至于付出很大代价，但仍旧矢志不渝。

第五种众筹之后，我们被富有时代眼光和弯道超车胆魄的贵阳政府邀请到了贵州首府——一个想要金融崛起"换道超车"（马云对贵阳的评价）的城市，带着解放者才具备的年轻朝气和朝气蓬勃。我们在这里创造了众筹的另一座丰碑：众筹金融交易所。做这样一个交易所，并不仅仅因为交易市场在传统金融词汇中被定义成食物链顶层，更因为我们认为，众筹的解放空间和体量，远非我们今天电商或其他平台所能给予和想象。众筹交易这个后市场，远该比它的一级市场更具想象性和解放性。在这座曾经边远落后的城市，我们发起并在政府领导下召开了世界众筹大会，这是像 2015 年世界互联网大会一样的大事件，当全球超过 1.2 万众筹人从四面八方涌入贵阳参加世界众筹大会时，那一时刻，我们看见了众筹的力量和众筹的未来。

而对于众筹的解放能力，我们通过另一场大赛进行了验证，就是去年在贵阳举行的世界众筹大赛。它可以让我们平台网站在很短时间内有 600 万累计访问（高峰期平均每天 30 万访问量），Alexa 排名在短短一月达到 56 万名；也可以让 1600 多个项目瞬间摆脱旧的商业逻辑，第一次面对全世界进行"路演"。众筹具备的这种开放性特点，是对"解放"本身很好的注解。

有人说贵阳这座城市应该感谢我们，的确，世界众筹大会之后，贵州省委书记陈敏尔、省长孙志刚以及贵阳市委书记陈刚、市长刘文新说过感谢的话，因为在贵阳向大数据金融进军的大战略中，我们帮助这个城市因众筹而闻名世界，因众筹金融生体系而成就了世界新众筹金融之都的梦想，的确，我们为此付出了太多太多。但我们更想感谢这座年轻的金融创新之城，她的创新战略和容错哲学，以及为我们打造的全球独一无二的众筹金融生态体系，包括众筹金融交易所、世界众筹大会、世界众筹大赛、众筹金融学院、众筹金融研究院、众筹金融小镇、众筹金融基金、跨境众筹金融产业园、世界领筹金融集团及几十家行业领筹金融企业，给了我们攀登新金融高峰和探索建造新金融世界的机遇。我算是一个老创客了，一辈子都在创新过程中，都在等待那个最有缘的城市，像等待一个恋人。我曾和大连合作，推动了她成为时尚之都；我也曾和珠海、北海合作，一起圆了城市大学城的梦；我和北京一起，开创了全球第一家特许经营权交易所。现在我们非常荣幸，正在一边参与，一边建设，一边见证着人类历史上的一段传奇：一个落后城市通过大数据众筹金融的创新改变命运引领世界的传奇。我期待在下一个奇点，有机会和世界更多的创新城市合作，共同建设一个众筹新世界。正因为在这条路上走了很久，也走了很远，走得其实很苦但很快乐，我才坚定地知道，可以走得更久，走得更远。区别只在于，走到终点的人，是否是启程时的人而已。

无论如何，我都想借助本书，感谢这个大时代赋予我们的大实践、大创新、大解放、大构建的机遇，这样的机遇，也许一百年才会出现一次，也许我们一生的准备也只能赶上一次这样的大考。过去，中国革命在贵州完成了最重要的转折，从胜利走向胜利。我希望我们追求普惠金融众世界的信仰，从这里开始，也会越来越接近理想国的现实。

感谢一路上追随我们的事业抛家舍业、陪我不弃不离、一路披荆斩棘的团队（这个名单很长，有叶梓、曲鹏、庄士鹏、彭山虎、谢宗强、刘文勇、朱加庆、彭雪、任芳、陈江涛、李洁、张叶、付小川、魏文君、刘俊麟、华山、刘毅、区志、秦志远、张慧刚、陈勇、张锦辉、区朝斌、李健、吕晓丽、张贵金、滕金岳、严京、曾先红、李利珍、周薇、邓江膺、李清河等包括在北京、贵阳、广州等地工作的伙伴，我相信每个团队成员都做出了不可或缺的贡献和对领筹金融事业深入骨髓的感情，无论是留在团队中的还是转为合作伙伴的小伙伴们），有时候，创新和探索很难，他们甚至看不见路和希望，但他们选择了本能的信任、坚持、担当和尽责，才使我们共同的众筹金融实践更加珍贵。感谢中国财经出版社的编审们，没有他们坚持、耐心和远见，就不会有《众筹的解放》的出版。感谢李利珍，实际上本书的文采主要是她的功劳。

感谢三位为我作序的亦师亦友的大家。王玉祥先生，他早年在玉泉山深入研究中共党史，得以窥见历史的斑斑真迹，后又从银监会转任贵阳副市长主管金融，实际上他是举世闻名的贵阳大数据金融体系建设的实际运行负责人，在贵州省委省政府、贵阳市委市政府的大数据战略的航道内，他的勇气、智慧、细致入微、同甘共苦的工作引导，创新与风控并重的工作理念与实操，有效地驾驭了贵阳大数据金融这艘巨轮，使其快速而稳定地航行。而远在英国的巴里·詹姆斯教授，他是英国众筹中心的主任，是一个有着新大数据众筹普惠金融世界思维和世界影响力的学者，我也非常怀念那个在谢菲尔德大学孔子学院的那个下午，我们就像传说中的来自东西方两个世界的新大陆探索者，以我们各自不同的众筹金融实践经历和众筹金融的创新理论，共同画出了一张众筹未来的蓝图草稿。我深信并期待和巴里先生所开创的全球智慧网络一起合作，可以让众筹世界的各个探索者少走弯路，可以让那种由衷地对众筹解放世界的信仰支持大家走得更长久。至于杨东教授，他是中国多部涉及众筹法律的立法和修法咨询专家，也是不少相关监管部门的首席顾问，是中国人民大学法学院的副院长，他的"众筹是人类社会第二次伟大的经济制度发明""众筹共产主义""互联网＋金融＝众筹金融""众筹改变金融"等系列观点影响至深，实际上他是中国众筹金融理论的奠基人，是贵阳众筹金融生态体系的设计师之一和保驾护航的斗士，在所有关于贵阳众筹金融生态体系以及中国众筹的重要时刻，你都可以看到他的身影，看到他的智慧，听到他的观点。

在建设贵阳的众筹金融生态体系漫漫长征中，有一群领筹人至关重要。他们吸收了我们众筹金融的思想，又结合自身所在的产业或行业，以创造性的众筹实践，让世界众筹之都的构想有血有肉，让我们的众筹金融体系与实体经济供给侧改革紧密相连，极大完善和丰富了众筹金融生态体系，是我们不断建设的众筹金融生态体系及不断创新的众筹金融理论创新实验的有机组成部分，也是我们世界领筹金融集团的核心价值与足够宽阔的众筹世界未来应用前景，他们或她们将和我们一起，不断解放实体经济的众筹未来。我希望全世界众筹界的朋友们，多关注和支持他们和我们领筹金融集团一起的"解放众筹"领筹大戏，不管一般意义上的成功或失败，不管他们是否还留在众筹解放者的队伍中，他们和她们用丰富的众筹实践所大写的领筹人群像，是真正的众筹解放者英雄众雕。在此我向他们和她们致敬，特别是何永智大姐，她是中国的小天鹅火锅皇后，她从重庆贵漂到贵阳，也曾想做中国众筹小镇皇后，在我们西行至贵阳的贵漂征途的初期，她无疑是大家真正的众筹大姐，她的热忱感动了所有人。两个李梓正先生，一个是上市公司北京金色世纪商旅的创始人，他是我们领筹金融集团最早的投资合伙人；另一个是卓越领筹科技金融产业园的创始人，他从哈尔滨贵漂到贵阳，一直和我战斗在一起，我们一起促进了贵阳和伦敦两个世界众筹之都的合作交流，开辟了中英跨境众筹金融产业园、中英跨境众筹基金、中英跨境众筹版块以及筹备中的贵阳众筹金融交易所英国分所、英属马恩岛众筹银行等全新的众筹精彩世界，而李梓正先生也将正式加盟领筹金融集团，全面领导我们中英跨境众筹及全国卓越领筹科技金融产业园的布局和建设工作，非常值得期待。涂勇先生和袁野女士，各自深入开展的房地产众筹及房地产去库存众筹，领先全国同仁，切入了当下经济的最热门区域。区志先生和陆海峰先生，合作代表了贵阳众筹金融交易所与新三板上市公司合作的"三五板资本市场互动众筹"，尤其在证券会对中国贫困县地区上市直通车计划的推动下，将极大激发身处 52 个贫困县的贵阳领筹金融基金的众筹资本创投经济前景和社会价值。段建民、张冲、范、胡几位消费积分的冲浪者，与我们合作开创了消费积分众筹交易的试点工作，是贵阳大数据众筹交易在消费大数据领域的垂直构建，将有助于新一代消费金融电商的高速成长。丁尚云，这个土家族汉子，居然在恩施自治州一个叫建始的贫困县中，在湖北民族学院的技术研发支持下，发明出了世界领先的基于物联网互联网技术的，分布式太阳能电站电费实时众筹交易这一智慧能源交易系统，解放了工业 4.0 标志——分布性能源的远程集中智能监测，运维维修，发电收入及碳排放收入手机端自动交割，云电站众筹投资交易等领先性应用构建，在此基础上完全可以建成全国扶贫分布式光伏发电智慧管理系统和全球太阳能智慧能源众筹交易系统，具有全局性重大领域标志性众筹应用前景。楼云，我们这代人心中的民族英雄，在其体操生涯里为中国赢得了 86 枚金牌，让国歌和国旗一次又一次响起和升起，现在，他的"楼云跳"项目已成为拥有知识产权的国家体操体育项目，他的心中，正以和上市公司中天城投合资的贵阳体育金融股份公司为舞台，展开一个全民体育众筹的大未来，帮助更多的选手通过专业比赛赢得世界冠军，帮助更多的青少年通过训练迈向健康美好的人生。我们还在和"中国房地产之父"孟晓苏探讨中国公共资产的RIETs交易合作，在和阳光七星娱乐媒体集团探讨文化体育众筹交易合作，我希望通过与各方面的龙头企业的合作，共同推动众筹解放助力实体经济转型升级。

与此同时，贵阳众筹金融交易所还与贵阳银行、贵阳农商行、贵阳互联网保险金融公司、贵阳移动金融公司、贵阳互联网金融公司、贵阳贵山基金、贵阳科技金融公司、贵阳华创证券、贵阳金控、瀚德金控、贵阳大数据征信评估中心、贵阳大数据交易所、贵阳数控金融等贵阳本地金融机构方阵合作，在省市金融办的领导下，共同打造包括众筹金融在内的贵阳大数据金融特区，为国家赋予贵阳的大数据战略使命和大数据金融机遇做贡献。贵阳还在全国首先开展建设基于大数据征信和风险控制的众筹金融风控基础设施——数控金融的大数据铁笼计划，使贵阳未来争取建设国家级大数据金融特区具备了风险总量可控的自贸区优势，或许，在不远的未来，贵阳大数据金融"自贸区"或"特区"将应运而生，这是探索国家立法监管和促进互联网金融，地方政府创新监管形态和结合实体经济发展互联网金融，互联网金融平台企业及投资融资客户在"大数据铁笼"的监管边界内创新发展模式的贵阳路径，这或许是破解互联网金融监管与发展矛盾与挑战的贵阳共识。毫无疑问，贵阳的大数据金融，起于互联网金融，包括互联网金融和传统金融，高于互联网金融，成就于移动金融和众筹金融。我们领筹金融集团的众筹解放之路，起于北京，成就于贵阳，并将从英国走向全球。

就在上月底，被认为是全球众筹行业领军者的美国众筹网站Kickstarter宣布正式登陆新加坡和中国香港，这一举动标志着Kickstarter正式进入亚洲。或许，众筹世界将会再起合作波澜。

我深信，在大数据金融时代，当众筹被再一次解放，我和我的伙伴们仍将冲在第一阵线。最后，向一直支持我的 FDS 中国资本、北京特许经营权交易所、领筹金融集团、贵阳众筹金融交易所的各位合伙人致敬，向北京市金融工作局和贵阳市金融办的各位领导致敬，向我的亲人们致敬，没有你们的支持，则很难想象我的众筹解放之路。

刘文献

前言　飘在半空写

干过市场一线之后，对"飘在半空"的一些东西深恶痛绝痛恨乃至鄙视，然而《众筹的解放》却是一本"飘在半空"的书。

首先，这不是一本执行手册。如果有一种力量叫作"启发力"的话，这本书就是要成为一本读完之后能启迪智慧的书，是启发者。很多问题和想法，乃至空想，会在本书中提出，但如何达到彼岸，写书的人也未必有完整的答案。

其次，写这本书的时候中国股市两次下探 2600 点，有一篇预计中国经济将进入严重的资产泡沫化的文章在互联网上疯传，人们对未来的不确定性达到了前所未有程度。李克强总理刚刚在北京做完保增长的经济报告，欧洲央行便率先放水，中国供给侧改革之路变得步履维艰。在这样的时刻，也许人们更需要一些"跳出去"的启发，而不是语重心长的婆婆妈妈。

生活需要一些潇洒的灵气，何必整天愁眉苦脸。飘在半空中写的书，也飘在半空中看吧！看完如梦方醒，才能去干那纵横四海改造世界的事情啊！

好吧，书接上段，在写《解放众筹》的时候，众筹还是个热爱奔跑的少年，面目不清，却光芒四射，人们说不明白他是谁，但却认定他就是未来。经过 2014~2015 年，尤其是 2015 年的大众集体躁动或者说"热恋"，大家对众筹已经有比较清晰的了解。作为新经济或者说互联网金融的代表之一，众筹能翻几千里的筋斗云，似乎大家已经都心里有数。尤其在一线城市，众筹已经不是投机者最好的投资项目。故事讲了一年，混沌不清的朦胧美即将散去，浑水摸鱼者要去寻找新的池塘，而走下神坛的众筹，要开始脚踏实地做事了。

这很好，这才是事情本来应该有的样子。

众筹没有72变，也不能化腐朽为神奇。众筹只是一种方式和手段，能为善，亦可作恶。如果放到足够大的社会群体里，它可以发挥惊人的作用。但最终结果如何？工具并不重要，仍旧取决于众筹的标的物本身。

很多事，说开了，就不再好玩。

认识不好玩的世界，才能在这个世界上好好地玩。

李利珍（Nothing Li）

第一章　众筹启示录

2015年,中国众筹作为互联网金融的一个重要分支,经历了抢地盘狂欢式的发展,人们纷纷在这个新大陆上建立自己的帝国,按照自己的设计,发展自己的众筹体系。

2015年,市场给了大家集体表演的时间;到2016年,集体表演结束,脱颖而出的实力派将引领这片新大陆,走向真正的繁荣。

第一节 众筹的沉思

2015年完全是众筹世界的过山车年,从年初狂欢的、野蛮的生长到年底突然的寒冬,改变了中国互联网金融的生态气象。正如毛泽东诗词中说的"鹰击长空,鱼翔浅底,万类霜天竞自由",本来是一幅生机勃勃的场景,突然因为e租宝等特别事件,导致"竞自由"的无限活力突然变为"千里冰封,万里雪飘"的萧杀之景。"互联网金融"作为一个话题重新被激烈争论,新旧矛盾产生激烈碰撞,失调和紊乱变成了一种急需被适应的新常态。

一半海水一半火焰的境况一直持续到2016年的整个春天,互联网金融就像从春寒料峭中冲杀出来的轻骑兵,一下跑进了传统金融固若金汤般的堡垒当中。

新旧金融的战役是从2008年12月7日马云喊出"银行如果不改变,我们就改变银行"开始的,当时这句话只是笑话,到2013年余额宝问世,20天狂吸66亿,30天从2000亿到4500亿[①],一瞬间令所有经济学家瞠目结舌,令所有银行胆战心惊。

在经历了"取缔余额宝"反击战失败后,宝宝类产品成功分割了银行的既得利益,并倒推央行在2013年7月全面开放金融机构贷款利率管制,2015年10月全面开放商业银行存款利率浮动上限,到2016年几乎所有互联网大牌平

---

① 数据来自互联网公开数据。

台都拥有类余额宝理财产品，几乎所有银行都有类余额宝理财产品，草根民众借此迈进了普惠金融的门槛。

这样的胜利是如此辉煌，以至于建设银行行长张建国在 2015 年政协会上发言表示"银行是弱势群体"，引来包括总理在内的满堂大笑。笑声尚在荡漾，新金融代表 P2P（peer to peer lending，网络借贷平台）行业新秀 e 租宝便于 2015 年 12 月 16 日轰然倒下，此时耳边似乎响起了行长们北极熊一样的笑声。

棒喝再次当头：新金融新经济的未来怎么能交给这些来历不明的家伙呢？

e 租宝，很多电视、火车站、飞机场都出现过它的广告。百度百科显示这家公司自 2014 年 7 月上线，交易规模快速挤入行业前列，截至 2015 年 12 月 8 日，累积成交数据为 745 亿元，排名行业第四，总投资人数 90.95 万人，待收总额 703 亿元。2015 年 12 月 16 日，e 租宝因涉嫌犯罪被立案侦查。2016 年 1 月警方公布 e 租宝非法集资 500 多亿元[①]。2016 年 3 月 12 日，中国银行业监督管理委员会主席尚福林、中国证券监督管理委员会主席刘士余、中国保险监督管理委员会主席项俊波联合举行"两会"发布会，尚福林在介绍银行业风险时点名提到 e 租宝："e 租宝打着互联网和 P2P 涉嫌非法集资。"最高人民检察院检察长曾建明也在两会报告中表示，要突出惩治利用互联网金融平台进行非法集资犯罪，依法办理"e 租宝"非法集资案等重大案件。

这次剧情的反转，让本来形势一片大好的互联网金融突然掉入冰窟。新经济的弄潮儿，昨天的座上宾，今日便成阶下囚。也许并没有谁开始就直奔犯罪而去，但这些掌握了新时代互联网工具的颠覆者们，没有搞明白自己进入了中国经济的一个深水区，收获金钱的刺激和因此丧命的风险相伴相生，如履薄冰才是这里唯一的求生之道。

负责任地说，金融在任何一个国家都是一个被高度监管的地带。中国金融

---

① 数据来自 2016 年 1 月 31 日新华社发文《"e 租宝"非法集资案真相调查》。

业经过几十年的发展，更是被确切地划分为银行、保险、证券三大板块。各家虽然也都是从泥地里爬出来的，但现在他们俨然是衣着光鲜的上流社会，他们的规矩被打磨得闪闪发光，任何改革牵一发而动全身且要承担不可估量的高风险。近在眼前的证券市场改革，执行4天损失7.49万亿的熔断机制，证监会主席也不知向谁叫苦。所以体制内的革新是缓慢的，谁都不想自己痛苦。

但是互联网金融并不是体制内孕育出的蛋，跟银行、保险、证券都没有关系，他就像孙悟空一样从石头缝里蹦出来，自命"齐天大圣"，不受管制，并吼出口号说："我要这天，再遮不住我眼；要这地，再埋不了我心；要这众生，都明白我意；要那诸佛，都烟消云散！"抱着革命者的激情，使用传统金融大佬们都玩不转看不明的叫"互联网"的玩意儿，分分钟踩进了大佬们等级分明、区域严格划分的地盘，成为一个一时无法被归类的"异类"。

这个"异类"连张暂住证都没有，可高度壁垒的金融三巨头家的活计他都会干，更可怕的是，他连监管家玉皇大帝的活计都能操持。这个石头缝里蹦出来的"异类"，三头六臂，横冲直撞，创造了新秩序，也破坏了旧秩序，特别是抢劫一般做起了三巨头的垄断生意。

三巨头包括玉帝从来没见过这种即非仙也非妖的物种，想扔出一串金箍，奈何此箍还没研究出如何打造，而且这家伙貌似真的神通广大，且让他折腾一下，听西边佛祖说这可能会给死气沉沉的仙界带来从未有过的新气象，说不定能在三十三重离恨天外造出六十六层，那天界的日子也会更好过。于是，天界开了几轮会议，出了一些好像是监管又好像是鼓励的政策，这让猴子非常兴奋。

这下不但可以可劲造，还给了一"金融上仙"的头衔，此案一出，无数下界犄角旮旯的屌丝钻出地面，如法炮制。一时间，仙妖遍地真假难辨。

总体来说，监管层对待猴子们还是很开明的，尤其是来自最高意志的鼓励之后，谁也不敢冒着打压互联网＋和双创的招牌去干预创新，同时也希望这帮猴子真能造出一个新时代的发展引擎出来。然而，这样善意的愿望并没有改变深水区游泳异常危险这个既定事实。

e租宝事件只是互联网金融里的一个代表。互联网金融包括很多众筹行为，但漂亮的表演之后往往是尴尬的收场，卷款跑路几乎成为互联网金融的另外一个标签。

监管层对猴子们有些无可奈何的情绪，一方面不想一棍子打死，另一方面也不想看他们把秩序全搞乱，唯一的办法就是抓紧造金箍。于是在2015年和2016年交替之时，监管者在少数群体中征集意见，这些意见涉及猴子们的出身问题。

有人说，互联网金融不成立。应该是金融互联网。

有人说，互联网金融只是中介，是信息服务平台。

那么，中介、信息服务算不算是金融呢？

如果不是金融，为什么要归一行三会管呢？

而且创新就是没有抵押物的金融，如果有抵押物那就是传统金融天天在做的事情啊？

在深水区没有抵押物，那常常就是引发风险的自我设定。

监管层貌似也给不出令三界满意的答案，很多造好的金箍，只能珍藏在各种盒子里。

这并不是要批评谁。

而是说，这是我们共同面临的一个困境。

面对互联网金融这个猴子，银监会、证监会、保监会哪一方都无法单独对其进行管理，因为这是第四股金融力量，是全新的。如何监管并引导市场，是前所未有的挑战。2016两会代表迟福林便提议：组建国家金融监管总局，整合三会职能。随着"互联网＋金融"的创新层出不穷，银行业、证券业、保险业金融机构间互相渗透和交叉的趋势不断增强，对分业监管管理模式提出现实挑战。以稳定资本市场、防范金融系统风险为重点，建议整合银监会、保监会和证监会的职能，组建国家金融监管总局，形成"统一领导、分级负责、条块结合"的金融监管新体制。

当然，这可以很有力地改变监管部门分散作战的缺陷，不过我们认为要解决新旧冲突中"一管就死，不管就乱"的老矛盾，实行实验区及负面清单的制度或许不失为一条很好的出路。

创新，从来不是无风险的。

但既然猴子已经蹦出，就不能假装视而不见。

猴子其实是很想主动融入主流世界的，至于是否需要九九八十一难取经才能得到正果，需要看新常态下各方面的修为。

对于互联网金融，这是一个春天里的冬天。

被冰封的人们，有的能从春天醒来，有的则没有。

我们只是希望，醒来的都是最好的那一部分。

第二节 众筹的明天

人们总是相信明天会有好事发生,众筹的明天长什么样子呢?

▍众筹不再神秘

会有越来越多的人在近距离观察众筹后发出"不过如此"的评判,规则逐渐清晰,市场逐渐界定的众筹,大家开始按规矩出牌,出其不意的锋芒渐渐收敛,众筹终于做回原来的样子。众筹作为一种工具,集营销、宣传、募资、集智、集人于一身,比P2P更具复合型气质,工具是否有效取决于怎样使用,工具本身并没有改变事物的本质。

▍众筹与传统金融相融合

伴随中国金融的改革步伐,众筹所属的互联网金融将与传统金融互相融合,彼此都学会了一些基于生存发展而来的妥协艺术。不排除像余额宝轨迹一样,互联网创新出的新金融一战成名之后,为中国金融货架创造了一个新产品,而这个产品由于市场拥戴,也被纷纷摆上传统金融的货架。

前辈余额宝走过的正是这样的样板道路,而在众筹领域也出现了这样的信号,除了电商系扎堆众筹外,保险系的平安、券商系的中信也对这个领域壮怀激烈。

而传统金融的进入，将给众筹带来更美好的前景。券商的进入对于打通众筹与更高级金融市场（至少可以畅想到新三板，四板市场都可以忽略不计，而在写这一节时微信朋友圈刚好被"删除战略新兴板"的消息刷屏，一个三板的强劲对手就此胎死腹中）之间的生命线，将起到举足轻重的作用。根据目前的政策导向，新三板率先推行注册制的可能性极大，众筹打通三板，意味着真正与主流金融资本市场的联动。那时，众筹平台的价值将真正显现。

而保险，包括信托进入众筹领域，带来的直接好处是稀缺的牌照资源。大家都知道，众筹是真正能玩普惠金融的（钱很少，人很多，随时进出），例如阿里的娱乐宝、百度的百发有戏、苏宁的电影众筹，在众筹的外衣之下，穿的都是保险、信托的"里子"。在互联网金融尚且不被明确界定的时候，给予这些"里子"安全保障显得十分重要。然而所有的东西都是双刃剑，多穿一层衣服就意味着多支付一层成本。如果牌照大户们自己玩，那么能否平衡这个问题呢？

我们可以看到保险界的互联网金融代表平安，很早就做了深入布局，比起众筹，平安系陆金所在 P2P 领域的表演更加炫目一些，而整个保险行业与 P2P 大联姻在过去的 2015 年可谓如火如荼。

重塑众筹法则

从政策上说，众筹法则，被最多讨论和出台最多政策的是股权众筹，而这些政策无论从什么眼光来看，都是非常不"性感的"。

2015 年 8 月 7 日证监会下发《关于对通过互联网开展股权融资活动的机构进行专项检查的通知》，通知中明确定义股权众筹的概念，把市场上通过互联网形式开展的非公开股权融资和私募股权融资行为排除在股权众筹的概念外面。"股权众筹"明确为通过互联网形式进行公开小额股权融资的活动。把

"公开、小额、大众"作为股权众筹的根本特征,规定"未经国务院证券监督管理机构(即证监会)批准,任何单位或个人不得开展股权众筹融资活动"。对此,外界的解读是股权众筹除了京东、平安、阿里三家拥有公募牌照,即经过了证监会批准开展股权众筹业务,其余众筹平台均被一炮轰死,不得开展股权众筹业务。通知一出,业界一片唏嘘,股权众筹平台纷纷掀起了一场"改名闪电战",具体做法就是把原来的"股权众筹"的描述以各种方式加上"私募"二字规避政策红线。

然而三大牌照家族也并没有大张旗鼓地宣称自己要行使极度稀缺的"公募牌照"权益,因为这个外表无比光鲜的牌照里面也是一碗黄连水,公募牌照对应的政策中有一条2000元上限,做2000元上限的股权众筹,很有点自毁前程的意思。所以,业界至今都是一致的心照不宣,互相在政策模糊地带摸石头过河。

因此,众筹政策的各种水土不服,会在监管层和市场拉锯中生出当下的"奇葩",这些"奇葩"慢慢会变成新规则。虽然确实非常不"性感",但为长久计,未来可能还是会选择保守。

▎平衡创新和风险控制

创新,或许不是人人都爱,尤其是拥有地位和优势的传统金融。但风险,却是传统金融极度厌恶的。不管我们怎样嫌恶传统们的老爷做派,都无法回避传统相对规矩安全的事实。

无论是众筹还是互联网金融,要想走得更加长远,真正在金融领域站稳脚跟,都必须向金融界递交一份合格的风控机制。在商业维度上的众筹,风险控制方式是显而易见的,尤其是电商众筹平台,他们对此驾轻就熟。

风控的核心点仍旧聚焦在带有金融回报性质的众筹领域,包括股权众筹、收益权众筹以及 P2P 众筹。目前，监管层的主要红线集中在平台独立，不可以有资金池，不可以自筹等平台性管理，同时对股权众筹在人数和性质上也有比较严格的界定，只是有点水土不服，此点前文已经有所陈述。

事实上，众筹作为融资的一种方式，其风险是与生俱来的，这跟传统金融和互联网金融没有关系。比如，股权众筹的核心其实是一项高风险、高回报的投资活动，而控制风险的方式也没有什么稀奇，无非是设定进入门槛，对投资者进行适当性教育，引入专业机构领投等。通过这些方式进行筛选，让合适的人来承担他们能承担的风险，本质上不会消除风险，只能说在一定程度上降低了风险，而这些，本身也是传统金融领域既有的。经营金融就是经营风险，最终平台应该能够完成对风险的定价，控制方式就是找到合适的风险买单人。当然，这些真理早就贴上了传统金融的标签。

既然众筹打着新金融和互联网金融的大旗，那么风控就不应该完全采用传统金融手段，那么新金融的风控手段在哪里呢？大家可以注意到，很多有意新金融的互联网公司都在做自己的征信系统，而这些互联网公司由于本身拥有消费大数据，两者结合起来，是可以建立一个在大数据基础上推导出来的具备风险参考价值的信用系统。新金融风险创新的真正阵地应该在此处发光发亮，但这个市场从 2015 年 1 月才刚刚开放，而且央行在印发了《关于做好个人征信业务准备工作的通知》，不知何故牌照迟迟未能发放。虽然互联网公司都把工作做在了前面，但鉴于现实情况，在可预见的未来，新金融风险创新还是路漫漫其修远，需要上下求索好几年。

▎股权众筹有机会走出新格局

股权众筹的理想一直以来就是建立一个场外市场，目前这个市场已经出现，那就是在中国贵阳成立的贵阳众筹金融交易所。前文说过，股权众筹和新三板可能产生种种"暧昧关系",但贵阳众筹金融交易所这个场外市场也给了人们充足的想象空间。尽管对于此类交易所有t+5、份额化、均等化之类的管制,但这一旗帜的树立仍旧给众筹"场外市场"打下了很好的基础。

经过2年的发展,股权众筹接下来将面临退出问题,场外市场交易,可能给这些众筹的股权留出探索性的退出通道。对此,人们对贵阳众筹金融交易所给予了"新五板"的命名。

收益权众筹将被更广泛应用

相对而言,所谓的"第五种众筹"——收益权众筹并没有产品众筹、股权众筹等那样广为人知,但是很多股权众筹只是借着股权之名在做收益权之实。

为什么非要选择"重型"介入的"股权"呢?实际上,在众筹过程当中,包括众筹者和平台在内,人们都必须想尽办法规避人数限制和股东权益限制,多数通过众筹获取的股东身份,都不能100%执行股东权益,他们不能参与决策和管理,甚至其名字也不能体现在相应的工商注册信息当中。于是通过某些不便对外公告的协议约束,股权众筹实际就变成了只有分红权的收益权众筹。

所以,实际上收益权众筹在实际市场操作中拥有广泛的群众基础,尤其是中国视股权如血液的传统老板们,非常不愿意出卖自己的股权,他们更像出售收益权来换取发展所需资金。不稀释股权,也成了收益权切实的吸引力,而不牵扯股份变更,也使这一方式在实操当中更加方便。

当然,另一方面收益权让众筹变得更纯粹,那就是直接引导参与众筹者去关注收益本身,这对众筹标的提出了较高的要求。换句话说,收益权众筹的标的比股权众筹要求更高,比较适合具有稳定现金流收益的企业。

在后端,也就是众筹退出期,收益权众筹也拥有更为灵活的退出机制,除了获取收益到期退出以外,还可以"收益权转股权",也可以设置"收益权转债权"的通道，但后者可能更倾向于风控方面的考量。

从这个角度讲，收益权众筹和股权众筹是两种可以实现互补的融资方式，企业在不同的发展阶段，可以进行不同的选择，并且可对冲转换。这样做的直接好处就是最大限度地避免企业在成长过程中过分稀释股权。对一些收益稳定的企业，收益权众筹是摆脱间接融资、实现直接融资的良好方式。这也是政府一直想为中国金融市场做的事情。

只是，收益权众筹面临比股权众筹更加"困难"的环境，这不是体现在政策上，而是体现在法律上。收益权要想走出自己的光明天地，在于未来是否能给予确切的身份和明确的界定，并做到尽可能的规范。

众筹平台体系格局逐渐明朗

如果说2014年是众筹进入中国的一年，那么2015年到2016年年初，就是中国众筹的元年。经过一年的奔跑，众筹世界的格局初步显现，领先优势也非常明显。目前，能够独立成体系并在该领域内引领风骚的有三大家族，分别是阿里家族、京东家族和领筹金融家族。

马云的阿里，是最早在互联网领域暴露其金融野心的平台，也是目前做得最好的互联网金融平台，旗下有两个众筹分支，分别是淘宝众筹、蚂蚁达客和36氪。其中淘宝众筹依托大淘宝的流量主攻产品众筹，且能很好地配合本身的电商销售。比如去年的"双十一"，淘宝专门设置了众筹分会场，"双十一"当天推出小米、魅族、荣耀等7款手机产品及一款坚果P2便携影院硬件产品。"小米下一款手机新品"更采用了盲筹模式，不告知任何产品细节，用户支持1000元可在产品发布后获得该手机一台。截至当天16：00这个项目就筹到2783万元资金，是目标筹资额的27倍多[1]，这可以说是众筹营

---

[1] 数据来自淘宝众筹公开数据。

销玩得比较出色的案例。

2015年6月在上海完成注册的蚂蚁达客定位于股权众筹，由于其当时营业执照编号为"001"，还在股权众筹界引起轩然大波。但直到2015年11月蚂蚁达客只对外宣布测试版上线这一消息，其余时间这只"蚂蚁"都显得非常沉寂。这让全世界的人们再次认识到"大平台也不是什么都玩得转"，互联网金融的江湖还远未到大一统的地步。

估值接近10亿美金的36氪，凭借多年互联网创业领域累积的资源，在2015年由互联网媒体转身为股权众筹。需要说明的是，后者是阿里旗下蚂蚁金服战略投资的众筹平台，非其控股。公开数据显示，截至2015年12月底，36氪活跃着2000余位机构投资人，共聚集了超过5万家创业公司，其中共有6700余家企业挂牌融资，该数量已超过绝大部分的股票交易所。同样截至2015年年底，36氪股权投资平台聚集了超过3万余名中、高产理财人士，已帮助48个创业项目完成融资近4亿人民币。这些数据，大至说明了其10亿美金的估值根据。[①]

跟阿里家族内外兼修的战略组合布局不同，具备"偏执狂"素质的刘强东更愿意在自己的金融平台上苦干实干。不得不承认京东金融起步虽比阿里金融晚，但颇有点后来者居上的气势，尤其在京东众筹板块，被业界赋予"城会玩"平台的标签，意味着大家对其创新能力的认可。从最早的"逼格大会""1元筹"，到现在的"东家"体系，京东众筹整出了各种姿势、各种闪亮的词汇和玩法，确实让看客们感受到这个团队背后生猛的活力。

比如同样是电商"撕逼"大战的"双十一"，京东众筹在产品众筹频道推出"筹客大赏"的活动，聚集了11、111、1111元三个档位的众筹项目，还陆续推出了运动、画展、私厨、馨夜等主题。在股权融资方面，京东众筹则推

---

① 数据来自36氪平台介绍。

出了"亿万富翁养成计划"。新注册为京东东家且向小金库打 1 分钱，可获得小金库 2 万元体验金的 7 天收益；老用户成功邀请新用户也有相应的体验金收益。

而且在私募股权融资方面，京东"东家"一直稳坐第一把交椅。公开统计数据显示，截至目前，京东东家平台累计已经上线近 60 个项目，融资总额接近 6 个亿[①]。从公开可查的股权众筹平台中，京东东家在实际总融资额、透明度、成功项目数和平台综合影响力等方面均遥遥领先。

与上述两个电商起家的平台不同，领筹金融家族，是金融出身。领筹金融系前端是中国贵阳的众筹金融交易所，也是目前唯一拥有交易所平台的众筹体系；后端是注册于北京的领筹网，特色是收益权众筹，链接两者的是中国目前唯一的众筹大赛体系，2015 年 10 月，首届世界众筹大会在贵阳举办。

其中领筹网率先在全国探索性地采用了第五种众筹方式"收益权众筹"，并成功地在 2014 年进行了京城著名餐饮品牌金百万万城店的收益权众筹。该众筹已于 2015 年到期成功退出，认筹人收获了不低于 12% 的年化收益，金百万也从本次众筹中获得了投资者由衷的认可和良好的口碑。可以说，在这个众筹案例中，无论是作为平台的领筹网还是作为众筹方的金百万，都做出了勇敢的创新实践，为中国众筹行业探索出一个全新的领域，并经受了市场的考验。

而贵阳众筹金融交易所，一方面显示出领筹系主帅的金融眼光，另一方面也显示出贵阳在互联网新经济领域的胆魄。目前，贵阳众筹金融交易所和贵阳大数据交易所是贵阳崛起的两张城市名片，与贵阳的摩天大楼搭配相当益彰，偶然间会让你有种恍惚置身北上广深的错觉。作为金融市场的顶级机构交易所，贵阳众筹金融交易所除了在一级市场提供挂牌展示服务外，更重要的是还在二级市场为众多股权众筹平台提供二级退出交易市场，同时有意打通与新三

---

① 数据来自互联网公开数据。

板的对冲交易通道。可以说，贵阳众筹金融交易所为中国尚且雾里看花的股权众筹市场提供了更高层级的探索和实践，想象空间无限。

世界众筹大会是领筹金融家族的一次大胆尝试，2015年10月在贵阳举办，涉及科技、金融、农业、文化、房地产、餐饮、体育等行业的37场平行论坛，吸引了国内外1632个项目报名，共吸引30.14万名会员粉丝，有781位创客参与竞赛，投资天使7.86万名，推广天使1.39万名，领筹天使101名，70多种产业领筹人积极引领众筹，经纪天使446名，形象天使119名，共筹入场券金额1655.71万元；近500家众筹平台参展，其中有94个项目直接参与平行论坛路演，其中"2015贵阳大数据草根创新公开赛"路演项目34个；39场高端论坛，45场活动；近400家媒体现场报道，短短一月在网站Alexa排名达到56万名，网站访问量累计600万①（高峰期平均每天30万访问量）。这些数据如果同一个电商网站对比，显得微不足道；但如果将之放在一个新成立的公司，首次举办大会这样的背景来看，则能体现出众筹的号召能力和这个团队的勇气。

---

① 数据来自贵阳世界众筹大会公开数据。

第三节 众筹生态圈

任何行业都是一个微缩的生态圈,而这个叫作"众筹"的生态圈,由监管者、众筹平台、众筹参与者、第三方机构以及众筹围观者这些生态要素组成。每个要素的作用,也是显而易见的。

为了这个生态圈总体的健康繁荣(因为这也是国家意志的目标),每一个要素都应贡献自己的正向能量。

▎监管者的能量

监管者自然是这个生态圈的大神,他虽不是造物者,但拥有代替造物者管理一方的职责。2016年两会结束后,各方对于监管层的期许不断加强,从2015年的表现来说,监管政策偏于保守,不利于市场活力释放,人们更希望看到监管政策能像手机生产商一样,能打中痛点,体贴用户,同时能适应市场的快速发展。

伴随互联网时代话语权的分散,监管者的不到位或偏颇行为有可能引起反抗,比如淘宝售假事件中质监部门被指情绪执法,还有今年"3·15"淘宝再被爆刷单黑色产业链,淘宝发出的回应当中,暗指执法部门缺位。所以,监管者,尤其是金融监管者,应该告别野蛮监管,也应该告别站在保护传统金融基础上对新金融制定监管政策,否则,监管仍旧是监管,市场依旧是市场。毕竟，除了人为监管，市场还有一只无形的手在管理。

众筹领域继 2015 年国家发布了最严格的监管政策后，2015 年年底证监会也发表声明，表示 2016 年将开展股权众筹融资试点。2016 年年初，证监会再次发声，称股权众筹融资试点监管规则已经在制定中。

众筹平台的能量

众筹平台是整个众筹生态圈最主要的推动力量，在过去的一年多时间里，平台们的努力给这个行业带来了很多充满创新的正向能量。

比如最早由阿里和百度发起的电影众筹，将众筹带向人多好玩的普惠金融道路。虽然最终在这两个平台上众筹的电影没有获得很大的成功，但这种众筹方式被后来者继承了下来。比如在 2015 年 4 月杀进众筹领域的苏宁，10 月首个影视众筹项目《叶问 3》上线，20 分钟筹资额就破 1000 万元，10 月 29 日筹资额 4000 万[①]，号称刷新行业新纪录（然而《叶问 3》目前深陷"幽灵票房"事件，连锁反应导致兑付危机）。再如股权众筹，36 氪首创了"定向邀请"制度、"老股发行"模式和退出机制"下轮氪退"。值得一提的是，"下轮氪退"机制试图解决股权众筹退出难这一痛点，具体方式是，选择采用"下轮氪退"机制的融资项目在正式交割完成后，该企业在两年内的随后两次正式融资，本轮股东均有选择退出的权利；如最终交割后的 2 年内，融资公司未发生任何一次正式融资，则退出期延长至最后交割后的 3 年内。

2016 年 1 月奇虎 360 旗下众筹平台 360 淘金宣布上线，同时也放出他们的"大招"，即"远期定价"模式。如何定价，一直是让股权众筹头疼的事情。360"远期定价"的玩法是通过众筹筹集的资金以借款的名义发放到创业公司，由创业公司作运营之用。如果接下来在规定时间内拿到新一轮的股权融资，众

---

① 数据来自互联网公开数据。

筹的借款按照新估值转换成股份；否则，借款按照上一轮估值折算成股份。实际就是通过先债后股的方式，用时间换空间，最终确认一个大家相对满意的市场定价。这也不失为一种不错的市场定价策略。

而平台交易机制方面的最大探索，应数贵阳众筹金融交易所。它一步将众筹纳入到高级别的交易所机制当中，并通过一个包括领筹人、推广人、经纪人、投资人在内的生态角色担任机制完成项目的众筹及后续交易过程。众筹过程中的角色化分工，实际上是对众筹本身带有社交特点的最大化效能发挥，将众筹过程和社群传播链接起来，让众筹带有了更多的社会化特征。

对每一个众筹平台来说，由于行业发展和市场竞争的需要，各种机制创新会层出不穷，但最终决定竞争成败的可能只有一条，那就是平台的风险控制机制。无论何时，这都是需要平台们当作头等大事来对待的生存根本。

众筹参与者的能量

市场繁荣的基础就是要有充足的需求，需求是众筹参与者带来的。

众筹跟普惠金融沾边，而作为中国普惠的那些金融参与者身上带着明显的盲动特征，一方面无知，一方面贪婪，结果就是非常容易被煽动去追逐一些不靠谱的承诺高回报的项目。无论是传统金融中的非法集资项目，还是互联网金融领域的非法集资项目，都很好地利用了这一盲动特征。

为什么永远在追求两种矛盾的东西，要高回报，还想要低风险乃至没风险？虽然从监管意志的角度来说，对投资者进行适当性教育是任何一个平台都应做的分内事，但参与者确实也应该自带智商，能够对众筹项目本身形成独立判断，"高回报＝高风险"应该作为第一投资法则，任何投资行为，都要做到能为其买单。这样虽然不能保障投资的成功，但至少在失败时还可以情绪稳定地接受现实。

投资，应该是一项优雅的艺术，任何不带智商的参与行为，都是对自我的严重犯罪。

众筹平台有很多，但它们都是为好项目而准备的。众筹者无论是企业或是个人，都应当在众筹之前问自己几个问题：你的企业足够好吗？产品足够好吗？大家为什么愿意为你的梦想买单？

要知道众筹不是点石成金的"金手指"，作为一种工具，它无法改变众筹标的物的优劣。在众筹界，对优质众筹标的物的寻找大都煞费苦心，就像投资界大佬们常说的那样：我们从来不缺钱，但市场永远缺少值得投资的好项目。

在《解放众筹》中，曾经讨论过众筹是"雪中送炭"还是"锦上添花"的问题，市场选择告诉我们，"雪中送炭"的事情是稀缺的，"锦上添花"更能诠释市场的规律。

所以，无论是认筹者还是众筹者，都应该对市场和投资的基本规律有所认识，对自我有所认识。在这个世界，一个人不可能懂得所有事情，但必须懂得那些必要的了解世界的方法，这样有助于你去了解其他未知的事情。

第三方机构的能量

伴随着众筹平台专业化程度的提升，第三方机构越来越多被引进或积极进入到众筹体系当中，尤其是股权众筹、收益权众筹及众筹交易领域，可见，第三方机构的出现是必然的。

目前，市场上的股权众筹普遍采用的是机构领投＋投资人跟投的方式。机构，无论是天使、VC（Venture Capital，风险投资）还是PE（Private Equity，私募股权投资），都在众筹过程中扮演了专业评估机构的角色，他们身兼律师、会计师、风险投资评估师的职能，评估项目价值及未来发展潜力。之所以平台们认为这种方式可靠，能降低风险，是因为机构选择本身即是一种信用背书。

收益权众筹和众筹的交易市场，则更为直接地引入了第三方服务机构。这比同于主流的证券市场，公司对公募资前，先要经过律师事务所和会计师事务所的审核。上线众筹的项目，有时候还要带上第三方的增信机构，比如担保公司等。

此外，牌照资源也常常在众筹体系中扮演第三方的角色。比如阿里发的娱乐宝产品，背后是国华人寿的"万能险"。再比如苏宁的"PPTV 欧冠足球宝"体育娱乐众筹产品，背后是万向信托。

这些牌照资源或者第三方机构的出现，可以解决众筹合法合规及风险控制方面的重大问题，但同时也增加了众筹的成本。对众筹平台来说，是两难取舍的选择。即使是阿里这样的硬招牌，在与国华人寿这样的密切合作伙伴在涉及收费问题上，也是没有多少空间可谈的。所以，阿里某位人士曾抱怨，娱乐宝产品无法赚钱。

就众筹市场目前的状况来看，众筹是无法摆脱第三方机构的，但长期看，应发挥互联网的优势，采用大数据、征信等方式代替部分传统的第三方机构支持，从而达到降低众筹成本的最终目的。

▎脑洞区：互联网金融双生花：P2P 和众筹[①]

通常来说，P2P 有一个叫"债权众筹"的别名。但由于自 2013 年开始，P2P 在市场上攻城略地走出了自己的节奏并搅动了比众筹更大的风云，所以 P2P 现在更愿意被市场看作与众筹并列的互联网金融双生花。

从时间上说，两者以前一同风起于中国市场，但走到 2016 年貌似差别越来越大，好像 P2P 带来的暴风雨各方面比众筹都猛烈一些。比如：

---

① 本节数据除另行标注，其余均来自互联网公开数据。

第一，市场能力。从"互联网金融"元年2013年到2015年年末，P2P平台的累计交易规模已从600万元飙升至逾万亿元，其市场增长速度已经到了疯狂的地步。

众筹方面，来自零壹财经的数据①显示：整个2015年，中国的产品众筹累计筹款金额达到30.7亿元。其中，2015年筹款金额高达27亿元，是2014年（2.7亿元）的10倍。同时，这份报告显示，2015年，中国股权众筹筹款金额在45亿元左右，整体规模估计在50亿~55亿元之间。众筹的总体市场规模2015年达到了100亿元左右。虽然这个数据对比2014年已经亮瞎了眼，但对比P2P的万亿规模，仍旧显得九牛一毛。众筹全年总体市场规模仅仅是e租宝500亿元非法集资额的1/5。虽然这样类比有点不恰当和难堪，但也足以说明问题。

当然也有机构乐观预估，2016年是众筹市场真正的起飞之年。据有关数据显示，2016年全国众筹平台数将达1000多家，全年交易规模有望突破1000亿元，投资人数逾1000万人。

第二，平台数量。到2016年年初，互联网P2P累计平台数量为3917家。由于行业三年内处于爆发式增长当中，行业产生了专门的媒体信息平台，如网贷之家。据公开资料显示，该平台因质疑e租宝，曾受到黑客攻击、电话威胁、泼油漆、高管电话呼死你等攻击。当然这并不是重点，重点是这个行业由于平台数量众多，此消彼长，所以行业每年都要搞一个百强排名，如"网贷之家"联合盈灿咨询对外发布了《2015年网贷平台发展指数评级报告》，即2015年年度网贷平台百强榜。其中陆金所、人人贷、宜人贷、拍拍贷、点融网、微贷网、积木盒子、有利网、投哪网、开鑫贷，发展指数排名前十。

如果众筹行业也搞一个排行榜，百强就能覆盖整个行业，十强可能更有

---

① 引自零壹财经2016年2月的公开数据。

现实意义。根据融360大数据研究院和中关村众筹联盟联合发布的《2016中国互联网众筹行业发展趋势报告》显示，2011年第一家众筹平台"点名时间"诞生，2012年新增6家，2013年新增27家，这几年众筹平台增长较为缓慢。但到了2014年，随着互联网金融概念的爆发，众筹平台数量显著增长，新增运营平台142家，2015年则新增125家众筹平台。截至2015年12月底，全国共有354家众筹平台，目前正常运营的众筹平台达303家。

目前正常运营的众筹平台中，股权类众筹平台数量最多，达121家，占全国总运营平台数量的39.93%；其次为产品众筹平台，有104家，纯公益众筹平台最少，仅有5家。

从数量上来看，众筹平台数量仅是P2P的1/10。

第三，吸金能力（融资能力）。截至2016年年初，根据有关部门的统计，P2P行业2015年度共出现了85起融资案例，融资金额超过120亿元；而2014年P2P行业融资案例为44起，2015年环比增长了93%，2014年全年融资规模仅47亿元，2015年环比增长了157%。由此可见，在整个2015年中，资本对P2P行业仍旧是一路高歌猛进。

众筹方面，根据公开数据显示，目前至少有19家众筹平台获得融资，整体规模在4亿元人民币左右。这些融资大都发生在2014~2015年，以种子和天使轮流投资为主。但2016年1月16日，刘强东在京东年会上宣布京东金融获得66.5亿元的融资的消息重塑了市场对众筹平台融资的想象力，京东金融整体估值达到466.5亿元人民币。当然，在这份庞大家业构成中，众筹是京东的亮点资产。

对比可见，P2P已经在2015年完成了与资本市场的深度狂欢，高潮应该以2015年12月18日宜人贷在纽交所上市为标志。这套路数，明显遵循了互联网公司的一贯作风：发现一个互联网风口，资本大举进军，平台开启烧钱模式（P2P平台单个客户获取成本最后被推高到500~1000元①），烧到七八十度迅速到资本市场融资，估值大提升，在平台巨额亏损情况下，资本和平台都赚得盆满钵满。这样的脚本大家并不陌生，已经先后在互联网电商、旅行、租车、打车、外卖等领域实现或进行中，成功者的笑声不断在空气中震荡，只可惜P2P未能延续神话。宜人贷纽交所上市首日破发，打破行业美梦，想在现阶段获取资本市场的认可，貌似还需要一段并不算近的路程。

P2P比众筹的步子明显迈得更大，但为何不能迎来大资本市场的狂欢？这可能与其同样大步伐的闯祸能力相关。

第四，闯祸能力。据说，在中国某些城市，经过P2P犁地式的耕耘，这项伟大的互联网金融创新已经形同"过街之鼠"。P2P从2013年到2015年年末，增长野蛮到不能再野蛮，行业热到不能再热，但由于监管的滞后，造成许多不可避免的行业乱象。2015年12月16日爆出的e租宝丑闻，令两日之后纽交所上市的宜人贷黯然失色。

2014年，全年互联网P2P平台跑路总数为122家，这个数字在2015年的一个月内完成，令人触目惊心。

P2P低门槛及监管缺位等问题，导致各色鱼龙均混杂进入，根据公开数据显示，40.2%的问题平台在经营3个月内发生问题，而在历史累计的全部问题平台中，失联、跑路平台合计占比54%，跑路平台多是由于平台借款人和借款项目弄虚作假。

2016年2月2日，网贷之家发布了P2P网贷行业1月月报，数据显示，1月份行业新增问题平台88家，问题平台涉及的投资人数约为1.7万人，占1月投资人数的比例仅为0.6%，涉及贷款余额约为4.2亿元。从1月新增的全国88家问题网贷平台事件类型来看，这些问题平台类型主要由跑路类型、停

---

① 数据来自行业业内信息。

业类型、提现困难类型所组成，其中跑路平台数量占比61.36%，大约有54家，停业、提现困难两类分别达到21.59%、15.91%，三种类型合计占比达到98.86%。

截至1月底，累计问题平台达到1351家，P2P网贷行业累计平台数量达到3917家（含问题平台），问题平台约占总平台的34%，P2P行业闯祸能力可排诸行业之首。

即使行业里的领军人物，如平安旗下的陆金所，也在2015年3月传出2.5亿坏账的消息，然而这消息很快就被获得30亿业内最大融资的强大正面新闻所掩盖。另一专做大资产借贷的红岭创投董事长周世平，在其官网论坛上表示平台坏账约5亿元，坏账率接近3%，此前红岭创投已经多次自掏腰包买单亿元以上坏账。从整个行业来看，能将坏账率控制在银行标准2%以内的平台寥寥无几，普遍都高于2%。

在2016年"3·15"晚会集中吊打"互联网＋业态"时，P2P虽然在最后时刻仅以刷单点名的赔打姿态躲过浩劫，但随之而来的"郑州大学生网贷数十万无力偿还自杀跳楼"的新闻还是让行业蒙上厚厚阴影，P2P平台管理风控措施再次成为大众质疑焦点。尽管周小川在新闻记者见面会中为互联网金融反复正声，但同时也指出目前很多的P2P网贷，本质还是民间借贷，业务发展失败率较高。

对比而言，众筹平台显然是个乖宝宝，由于行业规模尚且有限，目前还没有能力孕育像e租宝这样的百亿级别问题平台。就公开信息显示来看，只有人人投平台，出现了一个老板怒砸5000万成立"追讨军团"，向不诚信的众筹者追讨认筹人权益的案例，此案例也疑似平台软性宣传。

第五，发展潜力。2016年P2P行业发展跟中国经济一样，处于下行的供给侧改革区间当中。从2015年1月的15.81%，到2016年1月的12.18%，短短一年时间，网贷行业综合收益率下降了363个基点（1个基点=0.01%）。并据网贷之家最新数据显示，2016年2月网贷行业综合收益率仅为11.86%，环比又下降了32个基点（1个基点=0.01%）。

而根据《中国P2P网贷行业2016年2月月报》显示，截至2月份，网贷行业整体成交量及正常运营平台数量连续两个月出现下滑，其中整体成交量环比下降13.33%，正常运营平台数量环比下降1.83%。另外，月报还指出，2月份新上线平台数量仅为27家，新增问题平台74家，其中主动停业平台32家。可见P2P行业高昂的发展势头出现了明显的回落。对于正处在历史转折期的P2P行业来说，眼下亟待解决的问题是如何在监管和市场的双重挤压中存活下来。

较之P2P疯狂后的冷静，众筹在2016年更迎来厚积薄发的局面。作为互联网金融代表的"众筹"也备受重视地写进2016政府工作报告，有媒体已经在宣告众筹在2016年将成为继P2P之后的又一互联网金融风口。

通过上面的对比，基本可以看出P2P各方面比众筹都玩得大，而且不是大一点两点。原因何在呢？

第一，P2P的业务逻辑非常简单，易标准化，进入门槛低，所以能刺激资金巨量涌进市场。虽然现在处于疯狂后的冷静期，但市场总量规模已经摆在面前。至于众筹，首先面临的是非标准化问题，商品端玩的是创新、时尚、性感，金融端玩的是股权、收益权募资，涉及企业根本和各种投资退出游戏规则，标准化程度低。比如股权众筹，光股份定价很多众筹平台就玩不明白，而另一端很多企业对自己企业的估值也停留在拍脑门阶段，一些必要的信息披露更是一团乱麻。很多想做收益权众筹的企业，多数时候也拿不出像样的财务报表，更不愿意将之公布于众。可以说，众筹在融资端一下踩进的是金融的高段位地区，对从业者、平台和参与者都有一定的要求，这使得这个工具不那么容易上手操作。

第二，相比P2P直奔借贷的明确目的，众筹哪怕是融资性众筹的出发点和目的地都是非常多元的。众筹本身是一种复合型的工具，它在融资的本身，可以完成产品的创新、粉丝的互动、市场的营销、广告的传播，等等。如果P2P是两点之间直线最短，那众筹是两点之间多边形最好玩。这也决定了直线的事业是快狠准，越是简单，就越容易市场化；而多边形的事业是多维发展，多维收获。

这给众筹市场的直接启示就是，最具价值的众筹平台，应该是那些业务逻辑相对简单的、能够标准化执行的平台。众筹虽然确实有筹人、筹智、筹钱、筹口碑的综合效应，但不能将此当作业务逻辑。

第三，众筹拥有比P2P更大的想象力。P2P的监管机构是银监会，而众筹的监管机构是证监会。证监会操持的最大资本市场就是证券市场，证券市场众筹的就是上市企业的股票。因此，股权众筹如果再进一步，就将解放整个证券市场，当然这一天暂时是看不到的，但是理想是要有的，万一实现了呢？现在合法的或者说还算符合监管思路的想象空间是，股权众筹可以打通到新三板这一主流金融阵地。

这些想象，并非是要颠覆谁，改革谁，抢谁饭碗的问题，而是中国政府长期以来认为必须解决的一个市场发展痛点：大量的中小企业直接融资无门。国家也认为，一个良性的市场经济，应该给予中小企业良好的直接融资环境，也就是他们应该有出售和交易股份的充分空间。众筹就是企业实现直接融资近在眼前的方式。

同时，股权众筹促使的场外市场的发展，如果风险控制得当的话，直接受益的将是中小企业及创业市场。而在"十三五"大环境之下，普遍认为传统增长方式的辉煌不再，急需新经济成长起来接棒，而新经济快速成长的环境必须有的一环是资金的进入。这个进入的入口不应该是借贷、银行抵押，而恰恰应该是股权融资。换言之，股权众筹发展的直接受益者正是中国经济本身。

我们应当注意到，2016年《政府工作报告》中提到众筹之前，先提到了

"双创"，即创新和创业。众筹恰恰能解决这两点，产品众筹的初衷就是为了促进创新而来的——激励优秀产品摆脱生产资金困扰，一具获得市场。而创业，前面说了，创业成功路程上的第一桶金往往来自股权融资。

所以，如果说P2P是用互联网的先进方式提升了金融市场效率的话，那么众筹就是在产品生产端和企业生产端做了巨大的资金解放，也是对中国新经济力量的解放。

从这个意义上说，众筹更需要到位的监管，以保护行业发展。众筹也更需要政策的解放，给中国新经济的崛起以必要的支持。

第二章　众筹的解放和解放的众筹

作为一种复合式工具，众筹是对融资、营销、广告、粉丝经济……的解放，也是对企业财务链条的解放，当然前提是你能玩得好的话。

产品众筹、股权众筹、收益权众筹、公益众筹、债权众筹，这传统五大类众筹在过去一年已经基本完成了市场教育（至少有效抵达和覆盖了中国一二线城市），所以本章谈的众筹对行业的解放和玩法的变化对众筹本身的解放，都是新的众筹方式思考和路径探索。

我们试图用脑洞大开的方式，让大家在更广阔的空间想象众筹，或许并没有终极答案，但我们认为首先在探索的道路上启程更为重要。

第一节 反向众筹

在现有的互联网金融生态环境之下，众筹在资本市场的地位介于五板和五板之外的市场，所以对于上市公司这种达到高段位资本市场，能够公开大额面向公众合法募资的企业来说，众筹好像是低段位小伙伴们玩耍的项目。

其实不然，本节所讲的"反向众筹"指的就是高段位资本市场向低段位市场的募集行为，而采用的工具恰恰是众筹。早在 2014 年，刘文献院长便与国内某知名高端男装品牌详细探讨了反向众筹的方法和路径，但因种种原因未能实施。然而这种方式对于上市公司的触动，却是一直存在的，并且很多企业也做了大胆的尝试。

目前来看，众筹与上市公司之间的反向对冲，其特点主要表现为以下几点：

上市公司直接面向 C 端众筹

2015 年 3 月，上市公司探路者（300005）在某众筹平台发起了一个探路者新款皮肤衣众筹项目，项目上线之后，受到各大媒体关注，1 天时间即筹款逾 30 万元，完成目标 30%。该项目众筹标的的系列皮肤衣由探路者与北京乐麦卓创共同打造，后者号称是国内首个做皮肤衣众筹项目的团队。

无独有偶，鲁泰 A（000726）定制衬衫品牌微商城上线，并于 2015 年 4

月初开启"找人代付"的众筹模式。根据活动规则，关注其品牌微信公众号，选择设计风格、宽松度及是否老客户等选项，下单转发给朋友筹款，包含上门量体等服务。该公司声称建立了量体信息云数据库，可避免重复量体。

由上面两个现实的案例可以看出，上市公司对众筹的探索是想直接在互联网上与C端消费者进行链接，一方面塑造了一个上市公司积极创新的品牌形象；另一方面，他们试图寻找互联网化的低成本获取用户方式。

"互联网＋"的确为很多行业创造了低成本乃至零成本获取客户的积极案例。对于上市的服装公司（多半是传统的服务公司）来说，他们的市场和品牌优势地位在近两年受到国外快时尚品牌迅猛膨胀和国内服装消费整体互联网化的双重夹击，更多的买家被消解在电商造就的一批更具备互联网基因和更熟悉互联网营销环境的纯线上服装品牌中，因此传统服装公司或主动或被动地在进行供给侧改革。这体现为对互联网工具的各种尝试，包括众筹、O2O（报喜鸟［002154］2015年4月与美团合作，试图建立一个打通微信端、公司网站、APP以及第三方平台和门店的线上生态体系）、新锐技术应用（七匹狼［002029］试图在门店安装推广3D试衣镜，利用智能终端提升客户体验，并进行大数据研究挖掘。据介绍，人体站在此款3D试衣镜前，通过手的挥动可迅速换衣，并且该智能终端还可以集成财务、交易、生产管控、库存管理等系统），等等。

众筹确实可以为品牌带来直达C端的效果，即使是上市公司，对此的诉求也是极为明显的。事实上，淘宝天猫从去年开始就大面积应用在服装行业的预售模式，就是一种众筹。甚至有更加大胆的店面为了强化对C端的刺激，还采取了众筹越多订单、标的物价格越低的模式，以此给企业和消费者带来双赢的效果。

而在上述探路者的案例中，回报方式也延伸到了金融领域。按照众筹规则，如果消费者选择暂缓提货，众筹结束后一年内可随时提货（提货部分不回购），未提货部分商家在半年后按加价4%回购或在一年后按加价10%回购。

同时探路者乐麦专卖店和探路者卓创专卖店每卖出 1 件该产品，将提取 10 元按投入比例（支持金额 / 总众筹金额）回报给众筹伙伴。这种规则的设定，已经隐约显示出了上市公司的资本套路，虽然想法并非独创，但付诸实践确实显得很有勇气。

上市公司将众筹看作试验田

除了对 C 端的渴望，很多规模庞大的上市公司更取巧地将众筹看作产品的真实市场调研，众筹的结果可以看作产品的真实市场反馈，而同时，公司将这项活动的成本转嫁给了投资者。

早在 2014 年，创立于美国加州的芯片大鳄迈威尔（Marvell Technology Group Ltd；NASDAQ：MRVL）在众筹网站 Indiegogo 上完成了一笔小规模融资，而该公司年营收能力超过 30 亿美元。迈威尔此次融资的目的是要对其 Kinoma Create 物联网套件的市场需求进行评估。该套件能够帮助软件开发商转变为制造商，同时支持制造商更轻松地处理项目，并推动设计人员更快地打造出卓越的产品原型。

这笔融资为 5.2 万美元的测试项目吸引了 500 多个投资者，其中单人最高投资额高达 599 美元。而投资者则相应地从迈威尔得到独有的投资回报，比如先期试用项目研发产品以及参加开发者活动的邀请函。

迈威尔副总裁彼得·霍迪（Peter Hoddie）表示，他刚开始也担心迈威尔在众筹平台上的项目测试表现，毕竟迈威尔是一家市值超过 70 亿美元的上市公司。但他认为，如果众筹平台上的消费者能够给迈威尔的项目投"赞成票"，那么这要比任何业内专业组织的结论更能说服迈威尔的管理层。

霍迪指出："我们已经收到了来自众筹平台消费者的反馈信息，并根据反馈回来的情况对 Kinoma Create 的研发计划进行了调整。这确实提高了迈威尔投资该项目的信心。"

可以想象，如果苹果公司用这种方式众筹一次对 iPhone7 的测试，那么我们也许会看到非常奇怪的一幕：无数粉丝拿着钞票自愿成为苹果半成品的测试人员。这让企业听起来多么心花怒放，当然，企业本身得具备让粉丝"脑残"的魅力才可以。

上市公司反向对冲的想象空间

我们前面探讨过众筹场外市场打通到新三板的畅想，然而新三板也不是资本的天堂。从外界看，新三板已经是主流金融市场；但在金融市场看，新三板却还远在主流之外。这表现在市场活跃度很低这个尴尬的现实上，虽然很多公司对外堪称上市公司，但新三板和创业板、主板仍旧有着巨大的差距。为了逾越这个鸿沟，监管层在 2016 年给了新三板非常宽容的生存空间（如短期扼杀了战兴板），但这仍旧没有给很多新三板上市后的"僵尸"交易带来眼前的出路。

根据公开资料显示：620 家做过股权质押的新三板公司中，110 家公司的控股股东质押了自己的所有股份，另外有 39 家公司的控股股东质押股份比例超过 90%。也就是说，每 100 家质押过股份的新三板公司，就有 18 家的控股股东破釜沉舟，质押了所有股份；每 4 家质押过股份的新三板公司，就有 1 家的控股股东质押了 90% 的股份。这一现象明确地说明了新三板流动性差的尴尬事实，上市公司质押股权成了现实可用的融资途径，这种畸形市场现状如何破解？

也许从新三板反向突破回众筹，是值得探索的直接通道。

对于上市公司，众筹的优势是明显的，只要进入国家高度管控的金融市场（无论几板），上市公司在大众市场出现便自带 50 瓦的光圈，是被监管审核、规则约束、市场认可的企业,"上市公司"四字便是信用背书,而众筹,带有很强的信用交换色彩。众筹者拿自己的信用换到认筹者的投资,但也正因为如此,这种昂贵信用的使用也需万分谨慎。

　　一位新三板挂牌生产美容仪器的企业曾向刘文献院长请教,因为他们发现,自己的企业虽然上市了,但好像还没有他们的 B 端企业更能赚钱,更赚钱的这个企业做的事情就是应用了他们的美容仪器,将服务卖给 30~50 岁有强烈美容愿望并具备消费实力的爱美女士。这个企业想做的事情,就是如何从 B 端冲到 C 端,将这一群消费能力旺盛的美丽女士变成他们企业的"股东",进而活跃他们新三板上的股票,众筹可以成为这样的通道吗?

　　这是一个很好的探索方向。

第二节 P2P + PPP 众筹

P2P，前文已有解释，这里就不再多做解释啦。

PPP，即 Public Private Partnership 的缩写，是指政府与私人组织之间，为了合作建设城市基础设施项目，或是为了提供某种公共物品和服务，以特许权协议为基础，彼此之间形成一种伙伴式的合作关系，并通过签署合同来明确双方的权利和义务，以确保合作的顺利完成，最终使合作各方达到比预期单独行动更为有利的结果。

2016 年 3 月，国务院为国家开发银行追加 1.2 万亿低息基金（2015 年为 1 万亿），其中很大部分将用于 PPP 项目的资金贷款，可见政府对此种模式的钟爱。

现在我们要做的是将 P2P 引入 PPP，成为 PPP 项目的资金来源，并分享 PPP 项目的收益。

▌以北京 4 号线 PPP 项目为案例[①]

北京地铁 4 号线是北京市轨道交通路网中的主干线之一，南起丰台区南四环公益西桥，途经西城区，北至海淀区安河桥北，线路全长 28.2 公里，车站总数 24 座。4 号线工程概算总投资 153 亿元，于 2004 年 8 月正式开工，2009 年 9 月 28 日通车试运营，到 2015 年日均客流量已超过 100 万人次。

---

① 该案例资料来自国家发改委公告的 13 个 PPP 案例之一。

北京地铁 4 号线是我国城市轨道交通领域的首个 PPP 项目，该项目由北京市基础设施投资有限公司（简称"京投公司"）具体实施。具体模式是：

4 号线工程投资建设分为 A、B 两个相对独立的部分：A 部分为洞体、车站等土建工程，投资额约为 107 亿元，约占项目总投资的 70%，由北京市政府国有独资企业京投公司成立的全资子公司 4 号线公司负责；B 部分为车辆、信号等设备部分，投资额约为 46 亿元，约占项目总投资的 30%，由 PPP 项目公司北京京港地铁有限公司（简称"京港地铁"）负责。京港地铁是由京投公司、香港地铁公司和首创集团按 2∶49∶49 的出资比例组建。

4 号线项目竣工验收后，京港地铁通过租赁取得 4 号线公司的 A 部分资产的使用权。京港地铁负责 4 号线的运营管理、全部设施（包括 A 和 B 两部分）的维护和除洞体外的资产更新以及站内的商业经营，通过地铁票款收入及站内商业经营收入回收投资并获得合理投资收益。

30 年特许经营期结束后，京港地铁将 B 部分项目设施完好、无偿地移交给市政府指定部门，将 A 部分项目设施归还给 4 号线公司。

从上面的投资结构可以看出，A 部分价值 107 亿元的资产投入主要是政府投入，而 B 部分价值 46 亿元的资产为社会募资共同投入，募资是通过京投公司、香港地铁公司和首创集团按 2∶49∶49 的出资比例成立新公司"京港地铁公司"投资完成的。

公开资料并没有披露 46 亿元三家股东公司的资金来源，一般情况下企业现金投入情况较少，重资产投入数十年的回收期太漫长，鉴于国家有各种针对 PPP 和基础建设的银行贷款支持，很可能这些资金由银行贷款来组成。此处就是 P2P 介入的端口啦。即该项目中的 B 部分 46 亿投资可以作为一个资产包，通过 P2P 平台向社会以小额多份的方式募集资金，而认筹这个项目的投资者最终成为 PPP 项目的投资人，并分享该项目的收益，即地铁 4 号线的运营收益。

这样做好处明显，从 B 资产持有方来说，降低了京港公司的融资压力乃至融资成本，提高了社会资金的使用效率；从投资人的角度来说，普通的消费者（覆盖了 4 号线的消费者）可以将自己未来的消费用投资的方式进行对冲，不失为良好的资金使用安排，同时还参与了社会建设，自己享受后期回报；第三方面，还把国家大型工程资金贷款从银行端解放出来；第四方面，对于 P2P 行业来说，政府信用背书的 PPP 项目，是目前 P2P 平台渴望寻找的优质资产包，可以有效提升项目和整个平台运作的成功率。同时 P2P 的互联网特性，又为项目快速融资提供了高效的方式。PPP＋P2P，可谓是真正的一举多得。

PPP＋P2P 就没有风险吗？

当然有。

5P 模型的主要风险控制来自于 PPP 这一端（排除 P2P 平台自身运营风险），而 PPP 风险程度国外可以参考哥伦比亚政府的 PPP 项目运转情况。PPP 在国内的推广是近年刚提上政府日程的，而国外早在 20 世纪就已经轰轰烈烈地开展了。20 世纪 90 年代，哥伦比亚政府为鼓励私人部门参与提供公共产品，政府为多个机场和收费公路项目的收入提供担保，并与独立发电商签订长期购电协议，承诺公用事业付款。截至 2005 年，由于项目收入低于预期，哥伦比亚政府已经向私人部门支付了 20 亿美元，许多项目的运营期限长达 30~50 年，令政府的"担保之路"漫长，财政不堪重负。再如墨西哥政府为促成 PPP 项目，强迫国有商业银行向收费公路项目提供融资，结果由于公路收益低于预期，加上利率上升，政府不得不接管这些项目，并承担了近百亿美元债务。这些失败的 PPP 项目不仅没有带来良好的回报，反而成为政府财政的巨大负担，甚至引发本国经济的连锁反应。

国内 PPP 虽然起步晚，但成功度也不那么乐观。比如杭州湾跨海大桥，该项目立项时，由于对预期收益的乐观评估，曾经吸引了 17 家民营企业参与。

但是由于实际收益和项目进展情况与预期落差严重，导致该项目成为失败的PPP案例。到2013年全年杭州湾跨海大桥项目资金缺口达到8.5亿元。而作为唯一收入来源的大桥通行费收入全年仅为6.43亿元。按照30年收费期限，可能无法回收本金。

总结来说项目的主要问题在于：第一，《杭州湾跨海大桥工程可行性研究》预测到2010年大桥的车流量有望达到1867万辆，但2010年实际车流量仅有1112万辆，比预期少了30%以上。严重的预期收益误判导致民企决策错误。第二，大桥项目从规划到建成的10年间多次追加投资，从规划阶段的64亿元到2011年的136亿元，投资累计追加1倍还多，参股的民企已先期投入，只能继续追加，最终被"套牢"。第三，2013年嘉绍大桥通车对杭州湾大桥是"雪上加霜"，接下来，杭州湾第三跨海工程钱江通道也实现了通车，另外宁波杭州湾大桥、舟山—上海跨海高速、杭州湾铁路大桥等项目，将进一步造成严重分流，使得该PPP项目盈利前景更为黯淡。

以上两个案例基本可以看出，PPP项目的风险点主要在于：第一，项目的资金投入是否按计划执行并可控；第二，项目的收益是否符合预期，如不能符合预期，是否有风险控制方式。

5P项目的风险控制

构建合理的收益分配及风险分担机制是PPP项目，也是5P项目实施的重点。

再回到北京4号线案例中。北京地铁4号线PPP项目中政府方和社会投资人的顺畅合作，得益于项目具有合理的收益分配机制以及有效的风险分担机制。该项目通过票价机制和客流机制的巧妙设计，在社会投资人的经济利益和政府方的公共利益之间找到了有效平衡点，在给社会投资人带来合理预期收益的同时，提高了北京市轨道交通领域的管理和服务效率。

（1）票价机制。4号线运营票价实行政府定价管理，实际平均人次票价不能完全反映地铁线路本身的运行成本和合理收益等财务特征。因此，项目采用"测算票价"作为确定投资方运营收入的依据，同时建立了测算票价的调整机制。

以测算票价为基础，特许经营协议中约定了相应的票价差额补偿和收益分享机制，构建了票价风险的分担机制。如果实际票价收入水平低于测算票价收入水平，市政府需就其差额给予特许经营公司补偿。如果实际票价收入水平高于测算票价收入水平，特许经营公司应将其差额的70%返还给市政府。

（2）客流机制。票款是4号线实现盈利的主要收入来源，由于采用政府定价，客流量成为影响项目收益的主要因素。客流量既受特许公司服务质量的影响，也受市政府城市规划等因素的影响，因此，需要建立一种风险共担、收益共享的客流机制。

4号线项目的客流机制为：当客流量连续三年低于预测客流的80%，特许经营公司可申请补偿，或者放弃项目；当客流量超过预测客流时，政府分享超出预测客流量10%以内票款收入的50%、超出客流量10%以上的票款收入的60%。

任何一个P2P＋PPP项目的实施都应该借鉴地铁4号线的风控方式，以协议方式约定退出路径和利益保障机制。

从P2P介入来讲，其对政府最积极的意义，实际上就是降低了政府的风险，分解了项目的风险。因为当政府将很多由政府托底的项目交给市场买单的时候，就是政府的自我解放。同时，P2P的小额多份特点，可以通过投资端的海量小额资本投入来分解稀释巨额资本投入时带来的风险。

当然，不能因为这样，就将明确不赚钱或有巨大亏损风险的项目包装为优质5P项目卖给普通投资人，这样市场会"伤不起"。

第三节　大数据众筹

段子说，全宇宙第二牛是金三胖，因为他要将美国从地图上抹去。

第一牛是大数据，因为大数据可以打败人类，为此谷歌派阿尔法狗在2016年3月15日进行了终极验证。最终阿尔法狗凭借海量的数据模型、强大的运算能力及微小的学习能力，以4:1战胜九段韩国棋手李世石。

大数据究竟有多牛？2016年用了29天时间突破33亿元的星爷贺岁大片《美人鱼》获得巨大成功（鉴于4个月的漫长放映期，该片可能一举破四，堪称票房收割机中之霸），让背后的发行公司和和影业狠狠火了一把。根据公开媒体资料可知，和和影业获取周星驰电影发行权合同中最重要的约定是为星爷票房做了10亿保底（某公司在《一步之遥》的票房保底合同中吃了大亏，2016年的《叶问》投资方票房保底10亿，但深陷造假门不能自拔，所以不是所有保底都能赚回来的），这种对赌，和和影业的对赌自信就来自他们的大数据模拟，在签协议之前，他们自大数据得出了票房至少26亿的结论，这成了投资的基础。

大数据的应用不仅可以成为正确投资的依据，也可以重塑某些行业的生产力。2015年11月亚太经济合作组织（APEC）会议上，马云在讲阿里云数据应用时，自豪地向奥巴马介绍了一款货车APP软件"货车帮"。通过该软件及背后的云数据应用，改变了货车运输产业中满载而出、空车而回的现状。截至2015年年初，货车帮诚信认证货主会员超35万户，诚信注册货车司机会员超 150 万，全国拥有 1000 家直营服务网点，覆盖全国 23 个省份、5 个自治区。据货车帮官网资料显示：中国物流成本占物价比例高达 40%，物流费用占 GDP 的 18.6%，超欧美 2 倍，中国 85% 以上大型货车为个体户经营，散乱、效率低下。通过货车帮的整合，极大地减少了公路物流上的资源浪费。据测算，2015 年货车帮为社会节省燃油达 500 亿元[①]。

大数据式的"互联网＋"模式，创造的产能是惊人的。大数据应用的恐怖之处，就是可以量身定制所需。利用大数据做众筹，就是精准众筹。而大数据和众筹可以在多维度上发生关系。

▍众筹本身可以筹集大数据

大数据如此值钱，获取到有价值的数据，本身就是一个很有价值的生意。

大家都知道基因工程是战胜疾病的最尖端武器，而基因突变致病的数据，就是取得人类与疾病战争胜利的第一把钥匙。基因数据分析，在发达欧美国家已经如火如荼开展，中国在这方面刚刚起步，缺乏自己的基因数据库。为此一位叫作余伟师的华人博士众筹了 64 位不乏就职国际顶尖机构的医学博士，集合他们的学识和工作所得，将医学文献中关于某某基因突变与某种疾病（以肿瘤为主）之间的潜在关系收集起来，形成一个专家知识库。然后再把这种潜在的对应关系，与美国现有临床结果作印证，构成专业的数据库。经过两年多的努力，这个团队已经众筹到 1.1 万多个与肿瘤疾病相关的基因和相对应的位点，即已经完成了人体一半以上基因的对照整合。

目前，这个数据库的价值已经在国内市场得到了充分认可，余伟师本人也因此从美国回到中国，创建了自己的公司。目前该公司已在 2015 年下半年加入了微软创投加速器，并完成天使轮融资。

---

① 数据来自货车帮官网。

可以，众筹可以直接筹集到巨大价值的数据库。虽然这个案例不具备普及性（向特殊人群众筹特殊数据，在某些垂直细分领域意义重大），但众筹本身的数据收集功能是非常明显的，如本章第一节反向众筹中美国迈威尔公司通过众筹做市场测试，测试结果本身即是数据。而这，仅仅是众筹与大数据互动的开始。

大数据是众筹的精准依据

2016年另一个在影视IP投资上赚翻的是火爆全宇宙的韩国偶像剧《太阳的后裔》，爱奇艺为此剧付出了每集高达23万美元的版权费用，总额折算为人民币的话已达2400万元，刷新整个行业新高度。但同时，剧集首播24小时便获超3000万流量，仅前八集内容播放量就已达8.2亿。据此推断，该剧将完爆2014年韩剧《来自星星的你》在国内爱奇艺斩获超28亿的点击量，仅会员费一项将给爱奇艺带来千万级别收入，加之主流的广告业务和衍生品销售，爱奇艺再一次成功提升了自身品牌估值。

但这并不是说土豪有钱就能买到超级热卖的IP，恰恰相反搜狐视频在《来自星星的你》大热后采购的"都教授"新作《制作人》便因剧情老套无法吸引观众追剧而收视惨淡。诚然影视投资很大一部分做的是偶像市场，但只有偶像而没有好剧情，哪怕是"都教授"市场照样不买账。因为投资是一门科学，光土豪是不行的，土豪还要掌握大数据。爱奇艺通过多年韩剧市场耕耘追踪及自有平台会员累积的消费习惯，总结出韩剧优质IP的大数据，据此才在没有确定主演只知道编剧的情况下，出巨资购买《太阳的后裔》版权。

而《太阳的后裔》韩国制作方，也根据中国市场特点量身定制了剧情，改变了以往韩剧邻家欧巴、职场恋爱、灰姑娘与富二代等情节设定，转而为迎合中国观众追剧时间碎片化、追剧品质化等要求，定制出《太阳的后裔》单刀直入的爱情关系、强悍的军旅题材背景、霸道总裁式的人物设定，最终成功收获了女性观众为之疯狂"舔屏"的火爆市场。

通过大数据，人们可以精准众筹到市场所需的产品，同样通过大数据，美国民众可以"众筹"出他们想要的总统（总统候选人会根据民意倾向来改变自己的政治策略和形象，大数据的极致）。这一结果，即令人兴奋，又令人恐惧。也许，在未来某一时刻，大数据会改变整个社会的行为习惯。

当然，我们更关心的是大数据在众筹中更具意义的应用。我们实际接触到一家企业，专为中国千万中小企业做财务代理链接的平台：大账房。

其主要功能是定位记账公司、手机管控财税、会计工厂化作业、自动凭证、自动申报表、资料证件传递、代账公司客户管理、代账公司合同管理、税务风险预警、票据随拍随传、在线记账报税和在线沟通等。

截至2015年12月初，大账房已经拥有企业用户超过6万，已经与200多家代理记账公司建立了合作关系，覆盖全国9个城市[①]。这样一个SaaS财税平台，可以为众筹提供具备核心价值的大数据，即当一个大账房企业进行众筹时，由于对其企业财税情况的精准把握，完全可以把企业运营实际情况进行数据化的展示，而通过分析数据将能了解这个企业众筹的方向、众筹的产品以及众筹的边界（风险）。

2015年的众筹，是冷兵器时代的众筹。

2016年，众筹已经深入腹地在战斗。

如果有一样东西能明确带领我们到达未来之城，那就是大数据。

---

① 来自大账房官方介绍。

第四节 供给侧众筹

"供给侧改革",是 2015 年年底中国最高领导层提出的,这不单单是个新名词,还是一项经济决策。这一决策要求中国经济放弃原来数量为王的增长方式,转而追求像美国苹果、日本马桶盖、澳洲奶粉这样引领市场需求带动产业链发展的高竞争生产力。

那么供给侧和众筹如何在一起玩耍呢?

供给侧众筹能有效降低供给过剩

供给侧就是产品供应端,这一侧的众筹可以真正实现按需生产,"CSA 社区支持农业"这种农业生产模式非常适合本节案例说明。

社区支持农业简称 CSA(Community Support Agriculture),其概念于 20 世纪 70 年代起源于瑞士,并在日本得到最初的发展。当时的消费者为了寻找安全的食物,与那些希望建立稳定客源的农民携手合作,建立经济合作关系。

近年来该模式已经在世界范围内流行开来,亚洲以日本和中国台湾最为典型,国内以北京为引领的市场在 2008 年开始发展。《我有一个农场》的作者刘跃明于 2011 年春天在北京顺义创立了以 CAS 为模型的美田阳光农场。创建之初,农场仅从朋友圈中筹集了约 20 名会员。这些会员根据自身家庭需求提前预订农场产品,刘庄主的农场则按照收到的会员费用和相应的会员诉求,安排全年的生产。截至 2016 年第一季度，仅靠口碑传播农场会员增加到 350 名左右，规模从最先的几亩地，扩展到现在的 128 亩，并建设了 21 个温室大棚和 28 个冷棚①。目前，农场经营财务状况良好，运营稳健，非但没有市场销售压力，恰恰相反，该农场的产品常常供不应求。

对农场经营者来说，CSA 模式使他们拥有稳定的销售市场，在蔬菜成熟甚至种植之前就可以进行预售、较早地回收资金，节约了中间环节的成本和时间，可避免生产的盲目性。此外，由于摆脱了销售的压力，农场经营者可以将更多的时间用在土地上，可以在精耕细作、水土保持和减少农药使用等方面投入更多的精力，使产品质量更好，还可以采取更有利于生态环境的方案种植。

对 CSA 模式的买单者而言，加入 CSA 体系同样好处多多。首先，他们可以获得新鲜的、绿色的蔬菜供应，无须担心食品的安全，可以放心让家人摄取健康的营养。在现代农业供应体系当中，运输储藏的问题对种植和采摘影响巨大。以美国为例，农产品平均在采摘 4~7 天后才被运送到超市出售，售出之前平均被运输 1500 英里（约 2414 公里）。中国的情况可能更加糟糕，所以立足本地的 CSA 农场在这方面压力相对较小，像美田阳光农场可以做到早上采摘，中午或下午送达，满足了人们对健康且新鲜的食材的追求。

其次，农场会员还有机会参与农场的经营决策，根据自身需求对种植计划提出调整建议。如果农场会员普遍体现出对新食材的兴趣，如前几年北方市场对秋葵的追捧，农场便可以根据会员诉求安排秋葵的种植。这就是供给侧众筹的典型运用。

与美田阳光农场同期创建起来的以提供绿色、有机、健康食材为卖点的农场，在北京周边有 200~300 家，但在实际运营中 80% 都没有赚到钱，乃至亏损严重。主要问题除农场经营者们匮乏实际的农场运营经验（蔬菜种植、生产

---

① 数据由美田阳光农场庄主刘跃明女士提供。

安排等）外，这些农场不是按需生产，投入之初贪求规模，结果农场种出了大量蔬菜，但销售途径匮乏，一旦无法短时间内打开市场，则会很快进入亏损的难熬境地。

美田阳光农场的案例值得大家学习。虽然刚开始，该农场只有 20 个会员，规模可谓足够小，但因为它采用了先众筹会员再按需种植的模式，没有了销售压力，从而得以稳健发展壮大，在北京乃至中国掀起的农场经营热潮中，成为不烧钱、不焦躁、能盈利的少数优质农场。

▍供给侧众筹为企业完成产品定位

苹果公司在乔布斯的时代创造了引领世界的产品，尤其是 iPhone 手机，颠覆和创造了今天的移动互联时代。2011 年接手苹果的库克，虽然无法延续大神传奇，但仍旧率领苹果获得了持续的增长。2016 年 3 月，苹果发布了最新的 iPhone SE 机型，再次引领苹果回归 4 寸机的经典时代。

尽管库克的这一次发布会像历次发布会一样，收获了世界各地的无数吐槽，但可以肯定的是，库克又一次挖掘到了苹果的存量市场——更小的尺寸，更便宜的价格，直接杀入安卓机腹地。媒体尽管发出了"iPhone SE 评测结果：除了价格 3288 元其他没新意"的嘘声，却无法阻挡那些玩过小米、买过华为的中端机消费者对苹果机一试身手的渴望。

为什么苹果战略从 iPhone 6 及 iPhone 6 plus 这样的大屏机取得巨大市场成功后做出回归 4 寸机的决定呢？实际上对库克这样一位不具备创时代天赋却能带来财务漂亮数据的领袖来说，他已经敏锐地从市场上看到，终端用户尤其是欧洲市场对小型机的青睐，在美国和亚洲市场风靡的 5.5 寸大屏机却很难成为欧洲市场主流。

美国投行 Piper Jaffray 2015 年 12 月对 1077 名消费者进行的一项市场调查

显示,依然有 20% 的消费者青睐 4 寸的智能手机。全球市场的数据也证实了这一点。据美国市场研究机构 Strategy Analytics 的统计数据显示,目前全球智能手机出货量主流依然是 5 寸以下的小屏手机,4 寸到 5 寸之间机型的出货量占据了 47.7%,而 4 寸以下机型出货量占据 12.5%,这意味着 5 寸以下机型占据了超过 60% 的市场。

这就是市场的真正现状,小型机仍旧是市场主力。尽管人们不喜欢库克,但库克带领苹果做出了最符合市场需求的决策。对于苹果来说,供给侧的众筹可以达到两种境界,第一种是乔布斯的境界,创造人们需要却不知道的产品;第二种是库克的境界,直接生产人们需要的产品。

也许因为 iPhone SE 让苹果公司头上"创新"和"引领时代"的光环褪色,但作为一个大公司(不再伟大),他们通过市场分析直接精准众筹出供给侧的产品,库克尽了最大努力占领了能够占领的一切市场。

▍众筹颠覆供给侧产品提供方式

马云所引领的电商时代也可以看作是供给侧的改革,至少是供给方式和途径的变革,它有效缩短了销售链条的长度,让供给者和消费者高效地在互联网上完成交易,进而彻底改变了某些行业的生态。

例如服装这个古老的产业,电商时代之前,中国整个服务产业的最高阵地就是服装展览会,前有大连风光无限的中国服装展,后有北京一时无二的服装时尚盛典。但今天,这些曾经在行业拥有巨大能量、左右行业生态的展览已经没落在主流世界当中,被电商残酷地边缘化。

服装展览时代那种定模特、做样衣、搞发布会、展览式交易的方式被今天的互联网电商所取代。电商造就了一大批出色的不再依靠线下开店销售的纯电商品牌,如韩都衣舍、妖精的口袋、七格格等。其中韩都衣舍更是从初创期的年 20 万销售飙升到年 15 亿元的收入，2015 年"双十一"创造了 2.844 亿元销售额的奇迹，被誉为是"干掉 ZRAR 的中国品牌"。

前文已经说过，电商服装品牌对众筹的应用已经比较成熟，直接表现为"预售"这种方式。从某种意义上说，服装的预售和众筹是一个概念和效果，很多服装品牌提前一个月将样衣以商品图片方式陈列在网上店铺当中，预售金额并非全额，只是定金，而这些定金在未来实际交易时可以翻倍使用。有些更为创新的品牌，还会根据预售量的多少来最终给服装定价，销量越多，价格越低。

这一切方法，翻译成众筹语言就是，众筹一件服装，在众筹期间缴费的认筹人，可以获得缴费翻倍的产品抵用效果，同时还可以分享该服装最终销售所带来的收益分红（销量越高价格越低），从而达到产品众筹＋收益权众筹的叠加效果。

这种效果，由于可以实现按需生产，大大降低了企业库存；同时，预先锁定消费者，并预售部分定金，也解放了企业的财务压力，降低了企业的运营成本。因此，这种方式被越来越多的电商企业所采用，最终将彻底改变传统服装企业的产品提供方式。

第五节 全民式生活化众筹

有一种感觉，现在的众筹没有刚开始那么好玩了。

因为受到各种新政策的制约，涉及金融性回报的众筹被圈定在可怜兮兮的200人之内，加之"互联网非公开"之类诡异的规定（互联网本身就是公开的、无国界的、广众的，"互联网非公开"的未来还是互联网吗），众筹失去了"众"的元素，"人多钱少好玩"就慢慢变成了"人少钱多不太好玩"。

众筹应该回归到"众"的本质当中，让更多的人参与，才能体现众人拾柴火焰高的效果。贵阳市委书记陈刚说"互联网带来的是众时代的到来"，众时代是最大限度调动大众参与进而创造出的一种新业态。鉴于众筹目前受到的限制，我们对"众"的想象也必须放在生活化的范畴当中，进行一些相对安全的畅想和尝试。

马拉松的"众"众筹

自2014年众筹第一次走进马拉松赛事以来，马拉松和众筹活动就成为绑定标配。在2015年，北京、长沙、扬州等地均举办了马拉松众筹活动，具体玩法各有不同。其中扬州马拉松活动众筹的是大赛奖金；北京马拉松众筹慈善爱心；长沙马拉松众筹跑团，最终第一名获奖者，在4天时间内，成功约跑100多人，总众筹长度为1110公里。

2016年列入日程的马拉松赛事全国超过60场。4月份京东金融平台重磅参与了重庆马拉松和北京马拉松活动，并通过轻众筹的模式，筹集到京东白条跑团和众筹跑团（在重庆是由赴筹者联盟、京东东家等组成的创业跑团），在两地通过马拉松活动很好地宣传了京东消费金融和众筹金融这两个业务板块。

中国城市马拉松的规模，少则几百人，多则几万人，人群基数大，因此能够轻松吸引众筹平台参与进来，同时众筹也通过这样的活动，成为马拉松活动的约跑工具。两者结合，各取所需。

2016年贵阳马拉松也采用了众筹的方式，从众筹体育竞技和创业精神到落地的众筹约跑，这次活动将马拉松众筹玩出了新高度。

本次马拉松组织者高举"双创四众"大旗，将马拉松活动的坚韧和创业家的执着精神结合起来，首先在精神层面众筹到了共鸣感，数十位企业家携带"世界众筹大赛，贵马·奔马·疯马"大旗，从北京鸟巢出发，开始了"奥运·创业·马拉松希腊行"活动，飞行14个小时，到奥林匹克活动圣地——希腊采集贵阳创业马拉松奥运圣火。

之后，线下的马拉松报名活动通过众筹跑团的方式拉开帷幕。每个报名参加贵马的跑客，都可以通过打赏的方式获取赞助，赞助人称为"赏客"，打赏的费用主要部分成为跑客们的跑步基金，少部分按比例分类，分别组成跑客奖池基金、马拉松公益基金等，当然奖池基金由官方按照比例配资。

跑客可以众筹自己的跑团，创建者则成为跑团的领跑人，带领跑客参加贵阳马拉松和整体众筹活动。参赛除了竞技的比拼外，还将在线上通过赏金和人气的众筹，完成跑团由E级到A级的升级，级别越高的跑团，意味着获取的打赏越多，人气值越高，得到的回报档位也越好。如A级跑客除了可以获得全程跑名额外，还有装备包、个人微电影、2000元路费报销和参加三亚吉尼斯跑等福利。

最终的奖项设置，也独具互联网众筹气质地设置了跑客和跑团的"最佳人气奖""最佳筹资奖""跑团疯马奖"和"跑客疯马奖"等。

贵阳马拉松赛制的设计，被誉为迄今为止和众筹交互最多的马拉松赛制。同时，贵阳马拉松和贵阳的2016第二届世界众筹大赛亦有互动，同期还将交叉举行电子游戏竞技众筹项目。三项活动彼此交叉互相引流，可能带来数十万规模的整体参与人数，成为2016年集合体育竞技、电子竞技、创业竞技为一体的复合型众筹活动赛事，将众筹和公众互动推向新的高峰。

众筹"敬业福"全民狂欢

支付宝的集福活动时间为2016年1月28日~2月8日，只要聚满5张福，含富强福、和谐福、友善福、爱国福、敬业福就可以与所有聚齐5张福的人平分奖金，奖金在活动开始时是2亿，在2月2日，奖金增加到2.15亿元。

2016年2月8日，支付宝公布春晚"咻一咻"数据，春晚"咻一咻"第一轮5分钟的互动次数达677亿次，超过去年春晚4小时累计互动次数6倍。20：38，"咻一咻"峰值达到177亿次/分钟，互动平台的总参与次数达3245亿次，是去年春晚互动次数的29.5倍，最终，千金难买一张"福"。经过除夕一个晚上3245亿次的"戳屏"，最后有791405位用户集齐了五福，平分了2.15亿的大奖，人均271.66元。

为了集到这张福卡，"黑市"曾一度将其炒到千元。有网友笑称，一张"敬业福"让全国人民都患上了"强迫症"，七八年不见的同学、老友因为福卡而重新联系，也成了这段时间的常事，"敬业福"的横空出世，成为年轻一代新春晚的集体记忆。

实际上，参与此次活动的用户中，并非仅仅是80后、90后这样的年轻人，50后、60后、70后也跟着自己的儿女晚辈一起传递福卡，他们占到了总参与用户的15%，有超过三成的用户，在除夕选择将福卡传递给父母家人，一家人一起集齐福卡。2016年除夕，总计有208个国家和地区的用户参与了福卡互动，福卡传递最远的距离是从阿根廷到中国，直线距离达到两万公里。

这样一个波及范围如此之广、频率如此之高、参与人数如此之多的活动，其实不应该缺少众筹。曾有人在互联网给马云支着，最后收官的玩法应祭出众筹法宝，全国十几亿人一起众筹敬业福，众筹方式是每人出1元钱，假如有2亿参加，那就覆盖了马云的2亿奖金成本，鉴于春晚上演的狂欢程度，筹集2亿可能是分分钟的事情，乐观点几十亿都有可能。参与1元筹的人，最终用抽奖的方式抽取最终的敬业福（这个跟实际结果无二），只不过通过这种方式，马云就会神奇的零成本乃至还赚钱地做了一次史无前例大规模的营销。

当然，众筹来的钱归马云所有是不妥的，按照众筹和营销的思路，脚本应该是将这些1元筹集得来的巨额资金进行公益捐赠，这样参与者即使没抽到敬业福，至少还为中国扶贫或某项公益事业做出了贡献，皆大欢喜。

看到这样的设计，不禁让人惊叹这位"网友"的水平。这一幕虽然最终没能上演，但相信这个启发会让越来越多的人意识到，众筹和大众活动结合所引发的化学效应，是不可估量的。当众筹能调动公众参与度的时候，就能够创造历史。

第六节 共享经济众筹

众筹将重新组建社会的生产力,而这是通过共享经济众筹来完成的。

"你的就是你的,我的就是我的……"在"互联网+"时代,一个新的名词打破了这个看似天经地义的论断,它就是"共享经济"(Sharing Economy)。在"共享经济"模式下,这个逻辑变成:"你的还是你的,我的也还是我的,但让我们一起来享用吧……"

于是,整合大量闲置房间、盘活社会闲置车辆,由 Airbnb 和 Uber 全球范围内所刮起的共享经济的风潮,在国内席卷住宿、出行、教育、私厨等数十个主流行业,涌现出一大批新兴的创业公司。

有经济学家通过媒体传递了无比乐观的预期:2016 年共享经济规模占 GDP 的 1.6%,预计到 2020 年占比达到 20%。随着国家重视共享经济,更多创业者也将朝着这个方向发展,共享经济在中国将进入黄金发展周期。

众筹共享任何最牛专家[①]

Thumbtack 被誉为"美国 58 同城"为需求者和各种提供服务的第三方搭建的直通平台,也是一个"神奇的网站"。不同的是,Thumbtack 专业性特征更加明显,这是一个大型的专家库,其涵盖的领域从司法咨询、网站建设、心

---

① 该案例主要资料来源于《环球杂志》"共享经济",让我们一起享用吧。

理咨询、语言翻译、财务顾问、健身指导到雕刻石像一应俱全，当然也不乏代人遛狗、陪人聊天这种"没有技术含量"的"技能"。

Thumbtack 提供普通用户和专家用户两种类型的注册选择。专家用户需要自己提供住址，方便普通用户搜索到当地的专家。而普通用户要做的则是选择自己需要的服务以及自己的所在地，Thumbtack 便会自动为之匹配当地专家，以及他们的个人介绍和用户评分，选定后则可以在线下对接。

在 Thumbtack 网站上，普通用户如果需要找一位肚皮舞老师，需要填写调查问卷，回答各种问题，比如究竟是要学中东肚皮舞还是巴乐迪肚皮舞，然后 Thumbtack 会把要求分配给附近的相关专家用户；专家用户则会回复报价并描述他们提供的服务。

Thumbtack 平台上平均每份工作收费为 600 美元，专家用户支付 3~25 美元的推介费用。平台联合创始人斯旺森把这笔费用称为"营销成本"，因为这些钱大部分用来在谷歌或 Yelp（美国最大点评网）上做广告。

凭借超过 7 万人的付费专家和每年 300 万次成功的工作推介，Thumbtack 为美国本土提供了价值 18 亿美元的潜在业务。

寻找专业人士，除了可以找 Thumbtack 这样的大型专家库，还可以诉诸一些细分的小型专家库，如医疗服务专家库。

Heal 于 2015 年 2 月在洛杉矶成立，是一家上门医疗服务公司。Heal 平台上有专业的普通医生、儿科医生和初级保健医生三种。用户只需填写家庭住址、需要医生的原因等简单的信息，就可以请医生上门。在 Heal 平台上，预约医生上门一般只需等待 20~60 分钟。而在美国的普通医院，预约一个基础护理医生平均需 2.6 周。Heal 按次计费，每次诊费为 99 美元。

通过互联网和共享链接，人们方便地筹集到自己所需价格合适服务，为各种经济业态提升了生产效率，同时创造了无数新的产业机会。

共享众筹置换资源

共享经济在餐饮业掀起一股创新浪潮，互联网外卖、云餐厅、大厨服务等各种以资源共享为出发点的新产业模型纷纷进入实践阶段，促使从传统餐饮路径奋斗过来的企业也在进行各种众筹分享经济的尝试。

天津以韩餐为主打的时尚餐饮品牌英玉，近期推出了两个极具创意的计划，第一个计划为"设计合伙人众筹计划"，通过用设计换美食的方式，让天津美院具备高设计技能和审美素养的学生参与到英玉日常宣传设计当中，从英玉微信公众账号的"头图请设计"入手，发动"审美控"达人根据英玉账号信息推送需求，在线提供头图设计，设计一旦被选用，则可以获得相应的美食奖励。更酷的是，通过这种基础设计遴选后，其中真正符合企业品牌设计风格的设计达人，将为这家餐饮企业设计整套的新 VI 形象，而企业将以这些设计作价使他们成为英玉餐饮真正的合伙人，享受相应的餐厅收益回报。

第二个计划为"美食合伙人众筹计划"，也是与当地天津青年职业学院进行合作，让正在进行美食烹饪专业深造的学生参与到英玉菜品创新当中，当学生们创造的新菜通过一定步骤的评比，获选进入英玉菜单实现真正的销售，则学生们将得到创造者应有的奖励。这些奖励都从最开始的物质奖励，逐步晋级为遴选合伙人的最终目的。不同于设计合伙人，这个计划针对的是菜品的创意及新菜研发，通过该计划遴选出的合伙人将加入英玉新菜研发室，成为酷炫的"造物主"，通过研发室创意的新菜最终在餐厅取得良好销售业绩后，"造物主"们将获得一定的销售收益。

这两个计划非常体贴地为在校学生提供了实践的机会，以检验他们所掌握的技能对应的社会价值（价值不仅是获得的美食、奖金乃至收益的奖励，更来自社会和市场的认可，可以说是无可替代的创造成就感），而通过这种价值的交换，英玉也获得了他们想要的新鲜、时尚、富有活力的设计和更加诱人的创意菜品。更为重要的是，通过这样的活动，英玉为自己的品牌建立了与青年互动、支持创新这样的时尚友好形象。而事实上，在这两个计划之前，英玉已经成功实施了"空间设计合伙人"项目。在过去的一年中，他们已经从合作者中寻找到一位具备时尚和酷炫空间设计能力的设计师，成为他们的合伙人。

技能交换背后，实际是一种资源的共享。对于餐厅或者学生来说，双方都拥有对方所需的资源。学生共享了他们的技能，和作为一个大众群体的口碑；英玉共享了美食、品牌、餐厅空间（学生可以在餐厅做设计或绘画的主题展），还有社会实践的入口。通过这个入口，学生在学校就拥有了一块市场的试验田，这对于他们未来塑造真正的自我价值具备更重要的意义。

或许通过这样的探索，未来我们完全可以众筹一间基于共享技能为基础的餐厅，擅长运营的人负责运营，成为运营合伙人；擅长创新的人负责产品创新，成为产品合伙人；擅长空间设计的人，成为设计合伙人……通过技能的众筹，组建更具创新力和竞争力的企业，而这些合伙结构可以是非股权性质的，这方面可以借鉴收益权众筹模式，让企业在成长过程中始终能优化使用社会资源，降低运营成本。

无独有偶，这种技能交换的共享式众筹也是国内知名的地产商万科所喜欢的，他们设想让景观设计师们为万科楼盘提供园林景观设计和后期维护，对应的设计师们则可以用六七折的价格来购买万科的房产。即用放价的折扣交换设计服务，最终让大家达到各取所需的目的。除此之外，万科也在尝试用这一理念众筹社区咖啡馆之类的服务型社区业态。

共享经济的本意，就是资源的高效配置，规避因供需错位带来的浪费。众筹作为一种工具，我们不妨将其当作一种找到共享各方资源的手段来使用。

▍脑洞区：当众筹遭遇"想象力爆棚"

众筹，帮助很多人实现了梦想。

但是，最终他们的梦想却血流成河。

到目前为止，从各大媒体曝出的众筹失败案例非常之多，尤其是包括咖啡馆在内的餐饮领域。众筹开店的美好向往，一旦变为现实，就会遇到各种各样的问题。这并不是因为众筹没有完成初始资本的筹集，恰恰相反，很多失败项目的背后，都开始于一个异常成功的众筹，而死于人们对众筹项目的想象力爆棚。

比如下面这些名单中曾经光芒夺目的名字：

餐饮众筹失败连连，最近已经曝光出很多餐饮众筹失败的案例：

（1）长沙：印象湘江世纪城店，号称最大众筹餐厅倒闭，93个股东100万元众筹款化为泡影。

（2）北京：Her Coffee，66位海归白富美，众筹132万，开业一年后倒闭。

（3）武汉：CC美咖，50位美女股东众筹100万，3个月后关店。发起人感言众筹咖啡厅是不可能的。

（4）长沙：炒匠餐饮，5万参股十分之一，轰然关门，投资人血本无归。

（5）东莞：很多人咖啡馆，141人参股，筹资62.5万元，一年后倒闭。

（6）杭州：聚咖啡，110人众筹60万，运营一年半后倒闭。

很多人的咖啡馆如何让很多人失败

在众筹概念还未火烧大江南北之前，互联网上众人集资开店的创意已经率先落地，比如"很多人的咖啡馆"，后来某江湖大V还号召过一个"很多人的餐馆"，只是貌似并没有什么下文，但这些创意远在2014年以前就在互联网上掀起过现象级的风潮，"很多人"甚至在后来成了众筹的泛品牌，在中国广袤大地上如雨后春笋般一夜筹出。

被寄托了众人梦想、情怀以及理想的众筹店，多数没能持续美好下去，很多众筹店在运营多则一年少则几个月后便消失在依然火热的众筹世界。

让我们看看，利用众筹模式起家、现在仍旧维持运营的咖啡馆中的佼佼者是一个什么现状：

2011年，有互联网行业背景的3W咖啡馆创始人马德龙、鲍艾乐和许单单在微博上发出号召，征集资本开一个专为互联网行业聚会提供场地的咖啡馆。此举一出，得到了很多行业"大佬"的支持，3W的股东一下增加到100多人。2011年年底，位于北京市海淀区中关村的3W咖啡馆开始营业。

他们开第一个店的时候在立方庭，230平方米，募资40多万元，从装修到开业实际花了200多万，而现在位于中关村创业大街的店有1300多平方米，按每天每平方米8元算，一个月光房租就要30多万，而电费一个月就要7万元，所以咖啡即使卖得很火爆，他们的收益也不是很乐观。另外为拓展收入来源（同时配合他们的孵化器平台），他们还有个比较明显的收入，就是面向创业者出租工位，一个工位一个月1000元左右，按100个工位算，他们一个月可以有10万的收入，但是这些远远不够，即便他们还有拉勾网，还有投资、孵化器平台，还有传媒，这一堆的平台收入总体算下来，他们也只能保持营收持平的状态。

而能维持这个状态的3W咖啡馆，背后有专业的投资人如徐小平的支持。由于3W咖啡馆曾经接待过李克强总理，使得3W成为创业咖啡馆中最风起云涌的品牌，基本是北京海淀创业大街最火爆的咖啡馆，每天都座无虚席，仅就总理同款的咖啡很多时候都会卖断货。然而即使如此，咖啡馆也没有盈利，更何况那些众筹来的承载各种梦想的咖啡馆呢？

可见众筹成功的开店指数，并不取决于开始众筹有多成功，人物有多大牌，品牌有多知名，而是要看众筹团队本身的实操能力。

没有实操能力作为支撑的众筹，开始有多成功，结果就会有多失败。仅凭梦想和热情，梦想注定会中途溺亡。

众筹开店的误区

众筹的优势是非常明显的，但如果运用不得当，这些优势在日后的运营中都可能变成劣势，成为阻碍前进的负能量。

误区一：人多力量大

某些时候，众筹到的人越多，也意味着众筹到的资金越多，获得的支持越多，也就越成功。

但在实际运营中，每一笔资金和每一个人都可能成为一个麻烦，尤其是那些外行企图领导内行的情形，会让一个好的项目从正确的轨道上跑偏，最终万劫不复。

因此众筹应该设定门槛，就像很多融资企业会拒绝某些机构的投资一样，每笔钱背后的意识形态和价值观，决定日后合作的顺畅程度。

一般情况下，众筹对资金话语权是有约定的，对认筹人也是会进行筛选的。但是很遗憾，这两点很难进行量化，有的时候要靠众筹者自己的社会阅历和对资金的判断能力，别无他途。

误区二：民主决策

由于很多众筹是基于股权来进行的，根据《中华人民共和国公司法》，股东可以根据股份行使股东权益。于是，很多众筹企业便以民主表决的方式进行决策。

对于一个公司来说，把权力集中在正确的少数人手中，比分散表决更有执行力。而正确的少数人，应该是能掌握和肩负这个企业走向正向未来的人选。

好的项目，必须交给正确的人，这样才能有好的结果。

无用的表决，不如变成追随，这样更具有现实意义。

误区三：朋友圈消费力支撑说

很多众筹餐厅的失败者，在众筹之初都做着一个莫名其妙的梦，这个梦的段落大意就是：众筹的股东就是餐厅的消费者，进而股东的朋友圈将成为支持餐厅运营的基础客户。借此得出推论，只要众筹有足够的股东参与，特别是有足够影响力的股东参与，那就意味着餐厅找到了足够的消费者和买单人。

很多餐厅众筹项目的失败，最终就是告诉大家，股东和股东的朋友圈没有那么大的消费能量去支撑项目的日常运营。作为一个社会经济体，存续的最简单基础，应该是这个业态或者这个店面的运营能够获取足够的陌生顾客。梦想靠股东和熟人消费做支撑，是该醒醒啦。

误区四：权利义务不明确

众筹股东权益不明确，项目失败大家赔钱相对还是简单的结局。万一项目很成功，运营不错，就会面临各种利益纷争，导致彼此不和，最终只能分道扬镳。

此处可以去参考《新西少宋鑫：我在西少爷估值千万时被"踢出门"，做新西少不是为了"复仇"》这篇文章，简单了解一下成功的众筹项目面临的第二道巨坎——如何避免在成功的路上不欢而散。

祝愿在路上的众筹

由于主流媒体鼓励创新和创业，所以很多人仍旧愿意采用众筹这种以小资金撬动社会大资金，汇集众人力量启动创业的方式。

2016年3月21日，各主流媒体发布了一篇"北京学院路高校圈众筹200万开餐厅，每半年分红一次"的报道，以褒扬的态度报道了由中国农业大学、北京林业大学、北京语言大学、北京科技大学、中国地质大学、中国矿业大学等十余所高效若干同学众筹的一家叫作"后会友期"的餐厅。

这个众筹项目的起因是中国农业大学大三学生潘同学一直想在学校附近开一家餐厅，于是就采用了众筹的方式，在自己学校和周边临校在内的十几所大学面向学友们发起项目众筹，他们的口号是：最少只要投入1000元，就可以拥有一家"自己的餐厅"，经过半个月的路演，潘同学的项目便募集到百余万元，巡回路演三个月（路演PPT包括了餐厅的经营理念、运营模式、众筹设想、股东权益、监管机制等各方面内容，当然还有不可或缺的情怀和理想），总共募集资金200万元。

目前，这家餐厅已经正常营业，根据创始人表述餐厅已盈利。餐厅的墙上有一行醒目的字："学院路上的饭局被我们承包了。"表示了这家餐厅的经营野心。

我十分认可这样敢想敢干敢挑战的大学生众筹项目，首先认可于青年人的创业热情；其次，青年人玩起众筹，完全不逊于社会上的任何优质众筹团队。至少，看到了这个项目核心的利益分配和风险控制方式：按照合同规定，"后会友期"餐厅经营收益的77%将用来发给众筹的股东，按照其投资比例，以现金的形式每半年分一次红。如果亏损到30%会立即进行破产清算，变卖资产，把剩余的钱退还给大家。

最后，前途虽艰险，祝愿一路走好。

第三章 众筹+社交=角色化

社交属性,是众筹的天然基因。

而众筹在这个社交时代,对社交网络的积极运用,也有助于众筹项目更好地获得成功。

因此,众筹和社交的积极融合,使得众筹平台逐渐孵化出了带有社交属性的众筹角色。这些角色不但在一个项目众筹过程中扮演着重要角色,同时还会非常自然地利用其社交红利推进项目的传播和资金的筹集。

第一节 众筹和社交是一对亲密伙伴

众筹和社交是一对亲密伙伴。众筹中最主要的元素"众",可以最直接地从社交群体中获得,这使得社交化众筹成为众筹成功的一种捷径。

社交工具掌握社会网络强关系

讨论现代的社交,必须明白这是一个互联网社交时代。自 2008 年以来,社交网络的发展引人注目。到 2013 年,约有一半以上的中国网民通过社交网络沟通交流、分享信息,社交网络已成为覆盖用户最广、传播影响最大、商业价值最高的 web2.0 业务。社交网络巨大的发展潜力更是一度被国内外各大风投机构与公司看好并纷纷注资。2013 年成为移动社交爆发年。到 2016 年,社会的经济生活已经完全无法离开社交网络,无处不在的社交及社交需求,使现代人更愿意在社交网络上展现自己的生活角色价值。社交网络已成为人们生活的一部分,并对人们的思想和行为方式产生不可低估的影响。社交网络成为人们获取信息、展现自我、营销推广的窗口。

根据相关调查数据显示:76% 的企业品牌营销或研究经理人表示提高了 2015 年社交网络营销预算,超过六成的企业或品牌已经为社交网络营销设立专门的团队,超八成的品牌经理人表示为社交网络营销指派了专门的人员,多手段"出击"社交网络营销已成常态。

最新研究显示截至 2016 年年初，超过一半（51%）的中国城市居民已经成为社交媒体用户，较去年大幅上升了 17 个百分点。而中国社交工具的代表微信（截至 2015 年第三季度它有 6.5 亿月活跃用户，目前每月新增月活跃用户 1000 万）不仅是社交工具中的"带头大哥"，还是国内所有社交工具中最具备"社交强关系"要素的平台。

所谓的社交强关系，其基础是建立在熟人关系之上，熟人相比陌生人，具备更低廉的说服成本和更优质的影响能力。所以，在中国很多众筹企业非常注重平台与社交工具的打通，PC 端可以很简陋，手机端一定很强大，而且许多平台是基于微信生态体系做的二次开发，可以达到一键分享转发的效果，最大限度增加朋友圈的曝光量和红利收割。

众筹的互联网社交特点

作为一对好伙伴，众筹对社交进行了淋漓尽致的利用开发。

第一，基于社交网络的快速传播。基于互联网技术的社交，最大特点就是突破了人与人之间时间、空间和地域的差别，零差时分享，秒速传播。移动互联网时代，人们通过社交工具增强了个人的自媒体属性，伴随而来的就是很多众筹项目通过社交网络完成了对世界的宣告乃至众筹。

"六度理论"曾经风靡世界，但现在让世界上任意两人发生联系的平均人数还是 6 个吗？现实告诉我们，"六度理论"已经落伍了！脸书和米兰大学的一项报表表明，由于互联网和社交网络的普及，现在平均只需通过 4.74 个人，就可以联系任何两个互不相识的人。这个世界，比你原本以为的又小了！扩散的速度和广度，比你原以为的又提高了。

所以从某种意义上说，任何人通过朋友圈发布一条消息，世界上任何其他人都可能知道，关键是这条信息是否具备传播价值。换句话说，只要众筹的项目够有吸引力，够"性感"，就可以得到世界上任何一个人的支持。

大家应该还记得2014年快速火爆全世界的社交公益众筹"冰桶挑战赛"。该众筹大面积传播是在美国社交网络脸书创始人马克·扎克伯格8月14日接受挑战开始的，然后点名退休的比尔·盖茨，接着盖茨妻子即盖茨基金会联席主席梅琳达·盖茨完成了挑战，并点名俄罗斯投资大亨尤里·米尔纳，尤里·米尔纳和妻子一起完成挑战后，点名小米董事长雷军参与挑战，雷军在8月18日完成挑战。从美国科技顶端到中国创新前沿，通过社交媒体不过相隔四五人而已，而传播是实时完成的，众筹达成则是在4天完成，而他们的时空距离超过1万公里，坐飞机也要15个小时。

第二，基于社交的裂变属性。社交工具的信息扩散基于其朋友圈的绑定属性，因此社交式众筹带有裂变的色彩。

西方商界有一个广为流行的社交理论：你每认识一个人，就可以通过他再认识25个人。这就是1∶25裂变定律，后来被尊称为成功黄金律。在移动互联时代，1∶25社交定律效应将被放大1000倍甚至更多，从而产生裂变，释放出巨大的能量。

比如，上文冰桶挑战赛仅在美国就有170万人参与挑战，250万人捐款，总金额达1.15亿美元，这可能是为某种疾病或紧急情况捐助最多的款项。

而创立世界第一大社交网站的马克·扎克伯格和他的脸书本身就是社交裂变的最大受益者。马克于2004年创办脸书，网站的注册仅限于哈佛学院的学生。在之后的两个月内，注册扩展到波士顿地区的其他高校，波士顿学院、波士顿大学、麻省理工学院、特福茨大学、罗切斯特大学、斯坦福大学、纽约大学、西北大学和所有的常春藤名校。到2004年12月，脸书的用户数超过100万人。2005年，很多其他学校也被加入进来。最终，在全球范围内有一个大学后缀电子邮箱的人，如.edu、.ac、.uk等都可以注册。到2012年脸书聚集了10亿用户，2014年更是狂飙到22亿用户。而马克本人，也成为历史上最年轻的亿万富豪。

第三，个人信用背书。社交，尤其是强关系社交中信息的发布天然带着个人信誉背书，因此在朋友圈群体，具备较强的影响力。

2015年一直为人们所津津乐道的国产动画大热IP《大圣归来》取得巨大票房成功。媒体纷纷报道该电影幕后的89位认筹人，他们为这部电影投资了780万元，最后收回3000万元回报，投资回报率约在300%。而这89位认筹人的获得，就是《大圣归来》出品人路伟在朋友圈发了一则众筹信息，并没有路演、推介、担保、风控……只是基于社交信誉的认可。

现在很多众筹平台为风险控制机制日夜焦虑，而朋友圈的众筹却天然是风险低洼地带，这也是为什么有些小平台认为"垂直的社交众筹"有可耕耘前景的原因。

第四，有效利用碎片化时间。互联网＋移动终端＋社交媒体，让人们的时间和精力日趋碎片化。人们着迷于微信、微博，有种无法抑制的冲动去查看最新消息，这可能与大脑中的多巴胺有关。

多巴胺是一种在大脑许多区域都会分泌的物质，美国密西根大学的神经科学家肯特·贝里奇研究认为：多巴胺促使人们去寻找报偿，它让人们"想要"。如果人们想要的东西得到了，快感则由类鸦片活性肽提供。

有了互联网，由多巴胺带来的欲望能够快速得到满足。比如想要跟暗恋的女神说话，可以立即发一条微信给她，在半分钟之内如果得到回复，你就会继续回复，然后一直继续下去。这形成一种"想要"和"满足"的循环，每一次满足都带来更多的欲望。

斯坦福大学的神经科学家德瑞克认为，人们一次次寻求信息的刺激与一次次寻求毒品的刺激是类似的。"在毒品和电子设备上，我们的大脑面对了整个进化史上不曾出现的刺激，而相较于这些新颖之物带来的冲动，我们的自控能力就太弱了。"

碎片化的社交正如毒品一样侵害人类的健康和智商，可是就现有的情况来看，短期无法戒除。众筹搭载"社交毒品"进行传播，并没有让碎片化时间得到更"正义"的使用，但通过这一方式，让众筹更有效地挤入人们的视野却是一定的。

第二节 社交思维众筹

有人说,奥巴马能成为美国总统,正是因为他的竞选智囊团明智地应用了社交众筹。2008年奥巴马参选美国总统,其所属的民主党向来不受财大气粗的大企业喜欢,筹款能力弱于共和党。

但2008年是个特殊的年份,创立于2004年的脸书经过4年的快速裂变发展,已经崛起为具有强大覆盖力和影响力的社交新媒体(2008年的马克·扎克伯格拥有135亿美元身价,是地球上最年轻的单身富豪)。大批草根用户可以在社交媒体上表达对奥巴马的支持并参与竞选筹款活动,众多小企业主甚至个人的支持达到了积沙成塔的效果,使得奥巴马的筹款能力迅速提升。2008年竞选,奥巴马团队筹集到7.45亿美元,筹款金额甚至超过麦凯恩1倍,成功入主白宫。

当时,支持奥巴马的人有320万人之多,据估计这些资金超过85%来自互联网,其中绝大部分是不足100美元的小额捐款。而这些捐几十美元的人和捐几千美元的人的投票权是一样的。奥巴马在筹款集会上一般不接受现金,选民只需留下电子邮箱地址,他每周都会给选民发送有吸引力的竞选内容,与选民互动。这样的社交众筹,显然帮助奥巴马收割了更多的竞选资金和选票,社交媒体时代,众筹发挥出了更大的作用。

寻找"带头大哥"收割社交红利

在社交当中，名人或者明星的社交红利表现更为明显。名人利用自带光环的社交效应进行众筹，成功的可能性也就越大。

素有娱乐圈"投资小能手"之称的赵薇多年前投资购买了法国酒庄：梦陇酒庄。2015年10月19日梦陇酒庄天猫旗舰店正式上线。上线前一周也就是10月13日该酒庄在淘宝发起众筹，众筹目标10万元人民币，众筹档位分为1元、168元、318元、838元、1780元、3560元、1.068万元、17.8万元八档。其中最高的17.8万元档限额两名，投资者将获得100瓶"十二道锋味"珍藏红酒、两年专业酒窖服务，以及与赵薇共同游览其位于法国波尔多酒庄的回报。

从梦陇酒庄官方微信公布的数据来看，仅7个小时时间，就超额完成，完成率为241%，而截至19号，众筹完成率已经达到了3886%，众筹金额已经达到388万元，而价格最贵的17.8万元的两个名额更是早早地被抢走[1]。这堪称"火箭"般的众筹速度是大部分众筹项目及绝大部分酒商、酒庄难以望其项背的。

赵薇梦陇酒庄红酒众筹成功背后，是其庞大的粉丝群体。截至2016年3月，通过新浪微博粉丝量统计，可以看到赵薇以7700万的粉丝关注度排行第四[2]（第一名谢娜粉丝8200万，第二名陈坤、第三名姚晨均为7900万）。

名人众筹，或者名人参与的众筹，在众筹项目中会起到"带头大哥"的效果。愿意为名人买单，是社交众筹无往不利的道具。2014年6月淘宝众筹刚刚上线后，一度更名为"淘宝星愿"，意图打造一个名人众筹平台。当然，以

---

[1] 数据来自梦陇酒庄官方微信。
[2] 数据来自新浪平台公开信息。

屌丝经济发家的淘宝最终还是回归了正确的大众路线。但尽管如此，名人依然是各大众筹平台争抢的资源，也是众筹项目成功的保障因素。

比如奇虎360董事长周鸿祎在2014年便在京东众筹上线《周鸿祎自述：我的互联网方法论》，首发众筹金额超过100万元，不仅成为京东众筹上线以来第一个超过百万的项目，还以1238868元的众筹金额刷新了图书行业的众筹记录[①]。2016年，借浙江卫视《王牌对王牌》综艺节目火爆，更联合人气"新人王"王凯继续在京东发起"王牌对王牌，不是王牌不聚头"的众筹擂台活动，众筹360手机，号称此组合为人气double！

除了名人，明星品牌一样拥有社交红利效应。2014年在领筹网众筹的北京著名烤鸭品牌金百万，上线2小时完成100%众筹[②]，这从侧面证明了该品牌在消费者中形成的优质口碑，金百万品牌背后，是超过100万的活跃会员。

再说一个自媒体品牌：罗辑思维。在2014年，《罗辑思维》推出"史上最无理"的付费会员制——5000个普通会员：200元；500个铁杆会员：1200元。罗振宇说："爱，就供养。不爱，就观望。"重点在结果，让不少等着笑话的人失望了：这5500个会员名额只用半天售罄，160万元入账，令无数冷眼者不禁叹为观止。2016年罗振宇投资刷爆屏的papi酱，并准备拍卖其广告，将仍旧是一次粉丝红利收割。

而一些还未名满天下的品牌、创业者或者新项目，则可以通过说服或定向吸引"带头大哥"参与的方式，来完成社交红利置换。比如后起之秀36氪的众筹规则创新中有一项，众筹项目可以点名领投人认筹，一旦知名领投人（如媒体曝光量比较高的真格基金创始人徐小平之类）参与进来，那么这个项目立刻会凭借大V领投人的影响力，斩获更多的市场认可。

---

① 数据来自京东众筹。
② 数据来自领筹网。

注重线上线下积极互动

社交众筹的另外一个要点,是非常重视众筹过程中的互动性,也就是前两年小米创造的互联网营销秘诀"参与感"。这种互动,并非简单的问答或者有奖参与之类,而是提升到共同创造和共同决策的高度,使得众筹参与逼格倍增。

还是"罗辑思维"的案例,这个名满天下的自媒体以期每天60秒点卯一般的公众账号观点综述和幽默犀利的视频节目闻名。这些账号或视频中宣扬的观点或独到或热点或启蒙或顿悟,被粉丝们认为是吸收优质知识的沃土;而选题则是专业的内容运营团队和热心罗粉共同确定的,用的是"知识众筹"。主讲人罗振宇说过,自己读书再多积累毕竟有限,需要找来自不同领域的牛人一起玩。众筹参与者名曰"知识助理",为《罗辑思维》每周五的视频节目策划选题,由老罗将之昭告天下。一个来自人民大学叫李源的同学因为对历史研究相当透彻,老罗在视频中多次提及,也小火一把。要知道,目前《罗辑思维》微信粉丝150余万,每期视频点击量均过百万。

另一案例,来自视频界近年来的拉风品牌乐视网。乐视网曾发起一个众筹C罗代言的项目,让粉丝花钱来决定乐视网是否签约C罗为世界杯期间代言人,堪称国内第一次用众筹方式邀请明星。

项目名称非常直白地命名为:"我签C罗你做主",只要在规定期限内,集齐1万人支持(每人投资1元),项目就宣告成功,乐视网就会签约C罗作为世界杯的代言人。届时,所有支持者也会成为乐视网的免费会员,并有机会参与一系列的后续活动。

这次众筹的开创意义或许大过项目本身的效果。这个模式若被更多地使用和改进,不但明星代言有了更广阔的想象空间,粉丝也可通过投资(尽管只是象征性的 1 元钱）支持的方式参与品牌代言选择的决策，让更多草根用户和 C 罗、世界杯产生关联。球迷通过支持一个企业的众筹项目来表达自己对 C 罗的支持，更有一定概率享受到巴西见 C 罗的福利，虽然概率不大，但毕竟是给了大家希望，关键是能体会到和明星有所互动的参与感。这是收看球赛或者购买球星周边产品所满足不了的，直接将粉丝互动和众筹参与成就感提升了一个段位。

社交场景的主动置入

2015 年京东应对阿里的双十一，开启双十二众筹，并发力于场景置入。"全民众筹——筹你所想，给你所爱"为口号的线上狂欢，给用户带来了新鲜的分享移动社交红利的体验。京东本身对此也颇为得意，策划团队将移动端活动全部依照场景分类进行划分，将"众筹是新场景解决方案"的定位落地。

这次"全民众筹"双十二活动从 12 月 10 日在"京东金融 APP"发起，所有项目将按照科技、设计、娱乐、家电、出版以及健康等 6 大场景进行分类，每个用户可以在自己需求的场景里将自己喜欢的项目分享到朋友圈，进而获得不同的移动社交奖励。

"全民众筹"活动分为两个阶段，第一阶段为"众筹你的心愿，送千万现金红包"。每个用户可以分享自己喜欢的项目，并参与个人心愿众筹 H5 分享。H5 分享页集齐 6 位朋友参与点赞支持，发起用户即可获得 2 元 ~5000 元的随机红包。第二阶段为"万份众筹奖品免费送"。在这一阶段，个人心愿众筹 H5 页面依然可以继续集赞，每日单个项目集赞排行榜的第一名可以免费获得自己点赞项目的相应权益。在奖品的挑选上，京东也为"全民众筹"这个主题和落地场景安排了相应礼品，如生迪智能音乐灯、小明 M1 智能激光微投仪、

INFI惊叹号智能路由器套装、黑格科技3D打印耳机、莱克多功能吸尘器等。

众筹平台能否采取足够体贴的场景设计来吸引广众参与，是大众型众筹平台的重大技术任务。除了阿里系，大型众筹平台无疑都搭载了微信这一中国最强社交工具进行平台技术开发，并将其作为社交分享的第一端口。

图3-1为图书在世界众筹大赛众筹平台上线后移动手机端进入项目后首屏展示，通过与社交平台的打通，这个项目可以一键分享到中国所有热门应用的社交工具上，当然主要是微信。而上述页面的进入，即是直接通过微信公众账号点击完成的。

图3-1　世界众筹大赛系统的社交场景页面

而一向不落人后的京东众筹已经上线众筹社区，意图在众筹项目本身线上展示之外，给予更多的社交包装和社交话题引导。如世界为之瞩目的阿尔法狗决战围棋九段李世石期间，京东众筹社区立刻上了一篇名为"人机大战是输是赢——人工智能的时代已经来临"的专题，然后内嵌了两款智能家电项目。浏览者只要分享这篇文章，便同时完成了对项目的分享，且项目自带软文打包。

第三节 众筹社交的角色化

众筹的社交特点，使得众筹各方在项目筹集过程中分化出相应的职能化角色。而众筹平台根据自身发展和市场竞争的需要，创新性地给这些角色加以命名，成为平台独有的特色，其中一部分引领了整个行业的发展，丰富了众筹的生态。例如京东众筹平台上的"东家"，领筹系平台延伸出的"领筹人"角色等，都可以看作这方面的代表。而相比京东和领筹系在角色设置上的勇于创新，阿里系平台则显得乏善可陈。

表3-1 众筹三大平台的角色设定分类

众筹体系	项目发起方	认筹方	领筹方	其他创新角色
京东系	筹资人	筹客	领筹人	东家/赴筹者联盟
领筹系	发起人/创客	投资天使	领筹天使/领筹人	推广天使、经纪天使、形象天使、领筹公社
阿里系	项目发起人	支持者/投资人	领投人	/

从对比中可以看出，京东系和领筹系都通过自有平台创造了一套自己的众筹生态体系，敢于创新和挑战的阿里在此方面则并无建树。

在所有的众筹角色中，项目发起方、认筹方和领筹方几乎是所有平台的共性角色（虽然叫法不同），也就构成了众筹的三大基础角色。

众筹源头：发起人

随着众筹越来越普遍和众筹平台之间的竞争加剧，平台对众筹项目和发起人也提出了越来越高的要求。除了项目本身的合规合法性外，众筹发起人本身是否具备社交传播热点，也成为众筹达成的一个重要前提。

用业内流行的话说，众筹项目要"性感"，众筹发起人则要"double 性感"。意思就是说，一个获得追捧的优质项目，应集痛点+尖叫点+爆点于一身，自带创新性、时尚性、颠覆性这样的王者气质，这样才能顺利收割社交传播的芳心；而众筹发起人应该带着"性感"项目的即视感现身，会讲故事、会做营销、懂得如何利用社交制造传播大热点。

此处可以参观一下曾创下智能硬件众筹新高度的三个爸爸空气净化器，看其是如何设计社交热点完成千万级别项目众筹的。下面的内容来自三个爸爸CEO戴赛鹰的公开分享：

品牌名称"三个爸爸"的无节操卖萌。为什么要无节操卖萌？因为好玩是传播的要素，当人们听到一个无节操的品牌叫"三个爸爸"时，自然会问什么叫"三个爸爸"？哪"三个爸爸"？而且这个名字出来以后，市场评价立刻分成两派，一派人很喜欢，说一听就知道有爸爸元素在里面，觉得温情；另一派人则非常不喜欢，"三个爸爸"微博和京东众筹的评论有两个很直白的留言说：第一，是谁起了这个名字？脑子简直进水啦！第二，谁要买这个品牌那肯定是有毛病，你看一个女的怎么能给儿子买"三个爸爸"呢？所以有一部分人特别反对，各种谩骂充斥网络。那他为什么要这么做呢？

首先，这算是一个品牌卖萌内置点，《爸爸去哪儿》正火，"爸爸"概念正是社交热点；其次，"三个爸爸"实际上指品牌的三个创始人，三个爸爸也就是天下的爸爸；最后，就是为了让品牌有种不明觉厉的气质。为此"三个爸爸"还故意向娱乐绯闻靠拢，当时正值歌后王菲与谢霆锋复合，媒体说窦靖童有三个爸爸，故意制造误解，引人关注。最终，"三个爸爸"在社交中的传播效果非常不错。

另外，戴赛鹰还分享了"三个爸爸"众筹中如何抓住热点，进行病毒营销的案例。"三个爸爸"推广期正好碰到央视曝光中国市场上前十净化器品牌除甲醛基本无效的惨烈事实。事件一出，"三个爸爸"马上将机器送到国家检验中心进行检测。检测的结果是，检测专家说"我从来没见过除甲醛效果这么好的产品"。这一事件，被做成各种小片并通过社交渠道进行传播，让人们和央视的曝光新闻对比观看。

其实，平时的一些小热点经过巧思设计，也可以成为品牌传播的工具。当时北京进行马拉松比赛，由于PM2.5的原因，很多参赛选手选择戴着口罩、防毒面具参赛。"三个爸爸"借题发挥，让一个合伙人背着他们的净化器参赛，这些都被拍成照片，成为传播热点，很多人看了都说，"有人背着净化器在街上跑步呢……"虽然人们会觉得这种行为很奇怪，但是传播达到了品牌营销的效果，这就是现实的巨大成功。

众筹的重要支持者：领投人（领筹人）

从社交生态上分析，领投人的作用至关重要。众筹在美国刚刚兴起的时候，就有数据分析得出结论：一个项目是否能取得成功，最关键是要看在项目上线一周时间内能否筹得30%的支持率，如果达到或超过30%，那么这个项目众筹成功的概率则大大提高，反之则失败的概率大大提高。这在心理学上叫作从众效应或者乐队花车效应，也就是我们所说的"随大流"行为。所以，在众筹的所有角色中，领投人扮演了一个至关重要的锚定角色——带领或者引导群体进行判断或者说丧失判断。

这就像《阿甘正传》中那些追随阿甘奔跑的人，他们并不知道阿甘为什么奔跑，也不知道要跑向何方，但他们无条件地追随。在现实生活中处处都有这样的案例，如 2016 年第一热映大片《美人鱼》，刷新了影史票房纪录。为什么电影能够大卖？因为所有人都在看，都在谈论！

所以，想要众筹项目成功，领投人通常要在项目众筹开始或者没有开始时就给予确认，营造火爆气氛。拥有领投人乃至知名领投人的项目，就像被打上了"靠谱"的标签，在暗示围观者们，这是个值得投资的、有吸引力的、能够带来回报的项目。所以，领投人几乎是所有众筹平台的标配（股权型众筹平台）。而拥有明星级别的领投人群体，则是关系一个平台筹资能力的重要指标。反之，一个项目能够吸引到领投人的关注和认可，则表明这个项目本身的优质程度和市场认可度。

因此，领投人这个角色在社交中的定位天然带着天使和魔鬼两种基因。如果使用得当，天使基因发挥作用，那么领投人可以引领普通投资人找到好的项目，并凭借他们的专业能力，为市场过滤掉巨大风险，帮优质项目在混战的市场中脱颖而出，拔得头筹，创造众筹爆款明星。这些也是目前众筹平台对外宣传自身平台优势时给领投人的定位：专业的投资带路人。然而，如果魔鬼基因发挥作用，领投人则会利用地位身份为众筹项目做出错误的信用背书，误导跟投者走入圈钱"大坑"。

所以，很多众筹平台对所谓的机构领投人做出真金白银的规定，一般项目的领投比例不能低于总融资额度的 50%，在实际操作中，达到 70% 或者 80% 也是非常常见的，这就是真金白银的背书。

通常，众筹平台们认为领投人对于支撑平台实力起到至关重要的作用，故此，众筹领域所有像样的平台都聚拢了一些传统金融阵营的 VC 或者 PE。比如京东的东家群体，有红杉资本、真格基金、紫辉创投、戈壁创投等知名机构。本年度新上线的奇虎 360 旗下 360 淘金平台也在网站首页摆出了例如鼎晖投资、IDG 资本、中国平安创新等机构阵容。

当然,并非所有平台都在走专业投资机构领投这个模式,比如领筹系平台的领筹人(即一般意义上的领投人)角色,便是以行业龙头代替投资机构的方式,从产业食物链结构上创造一国产业龙头筛选、孵化和引导产业创新这样一个生态体系。

不管是领投人还是领筹人,名称和模式虽有不同,在众筹的社交生态中承担着无差别的角色责任。中国众筹行业真正的崛起,可能不是平台的崛起,而是需要一批具备投资判断和责任担当的领投人,由他们去开拓市场,发掘优质项目,引导正向的跟投,最终繁荣这个产业。

众筹的广众支持者:投资人

投资人是众筹之"众"的代表,他们的买单表决,决定了一个众筹项目的市场人气和最终成败。所以,能够影响到足够多的潜在投资人并成功将其转换为真正的投资人,是众筹项目最真心的诉求。

前面讲到的筹资人的社交营销技巧和领筹人的锚定角色,无一不是站在社交的上风口为潜在投资人输送信息,而这些信息最终影响并构成了投资人的判断。换句话说,在社交众筹的语境之下,投资人明显处于风口的下风。他们的另外一个名字叫作"跟投者",所谓"跟投"即追随投资之意,是一切社交营销的影响对象,在对一个项目是否参与的判断上处于弱势地位(信息不对称、投资专业性有限、溢价能力低、退出权益可能不会被优先保障)。当然,他们从来都拥有主动的选择权,只不过这种主动性常有盲目性伴其左右,是众筹从众效应体现的即视群体。但是这并不悲哀,从众在众筹中可以翻译为降低风险的有效方式(当然首先要选择靠谱的平台屏蔽掉极度不靠谱的项目)。

事实上，我们应该给予投资人更多的尊敬和掌声，他们的热情（也许怀着一点不切实际的一夜暴富或成为股东当家做主的梦想）支持了那些众筹当中真诚的梦想，支撑了中国转型时期的双创事业，他们是大多数的人，也是你、我、他。

第四节 领筹系众筹社交六角色

领筹系在中国众筹生态中具备独树一帜的地位，其众筹角色设定相比一般的平台也更为丰富，更具备社交特性。

表 3-2 领筹系的众筹六角色

（内容摘自领筹系世界众筹大赛官网）

名称	释义	备注
创客	是指在大赛官网发起项目的参赛者，又称为众筹项目的发起人、融资人或项目方	通用角色
投资天使	是指用现金投资或者用投票券支持某项目的参赛者	通用角色
领筹天使	是指平台领筹人和跑道领筹人。平台领筹人是指第三方业内众筹平台，跑道领筹人是指贵阳众筹金融交易所的签约行业代理商。领筹人通过在大赛官网申请才能具备资格，领筹人的职责是全面包装和引导项目	通用角色
推广天使	是指通过分享二维码名片或网站链接给好友进行推广的参赛者。推广天使的职责之一是邀请好友开户注册，职责之二是鼓励推广成功的好友下单支持项目，只要推广的好友下单金额足够多则推广天使有可能进入推广天使榜单	独有角色
形象天使	是指以自身优雅美丽形象为项目进行拉人气助力的青年女孩。参赛者首先要到大赛官网申请为形象天使，通过审核后具备形象天使资格，与项目进行配对成为一个或多个项目的形象天使	独有角色

续表

名称	释义	备注
经纪天使	是指具备一定金融知识并且愿意通过大赛平台为投资人提供项目咨询服务的参赛者。参赛者首先通过大赛官网申请经纪天使资格，获得批准后可与项目进行配对成为某项目的经纪人	独有角色

以上角色设定比传统众筹平台的三个基础角色又多了三个角色，其社交化特征也更为明显。

强化社交传播角色

推广天使、形象天使和经纪天使，三个角色都可以广泛地理解为众筹项目的社交传播推动角色，他们在项目众筹期间的人际推广功能中起到强化作用。

图 3-2　世界众筹大赛系统的社交传播角色

从图 3-2 可见，每个项目都可以获得多角色的支持。推广天使致力于项目的传播推广，而基于移动社交工具，这种推广可以做到一键分享。按照 1 : 25 定律来核算，假如一个项目拥有 100 个推广天使，那么这个项目至少可以有效影响 2500 人，而这 2500 人至少可以曝光覆盖 32 万人（根据微信在 2015 年出具的数据，中国人均朋友圈好友量为 128 人）。

基于社交的推广，其说服力在于：别人说好是没用的，朋友说好，才是真的好。自动的信用背书，大大提高了信息传播效率。

而经纪人角色的设定，是从传统的金融中介行业延伸过来的。经纪人带有专业人士的标签，对一个众筹项目的选择和经纪，首先出自相对专业人士的判断和筛选。可以说，他们是一群具备领筹人专业素养，却不具备领筹人强大投资能力的人，他们靠专业能力进行项目推介，并从中获取收益。

推广天使类似于项目的形象代言人，而这种代言行为更倾向于线上影响力的发挥。很多既有的品牌形象代言人，会在项目众筹过程中进行代言互动，从而大大提升整个众筹项目的影响力，甚至可以在短时间内形成尖叫效应。

前文提到过周鸿祎众筹 360 手机，打出的王牌就是因《琅琊榜》走红的"靖王"王凯，其在新浪微博拥有 726 万粉丝，当然周鸿祎本人的粉丝数量比王凯还多，有 1118 万。所以他们的众筹是周王 PK 模式，堪称双代言，通过粉丝结构交叉互补，很好提升了 360 手机众筹项目的覆盖度。

提升了角色的细分性和专业性

众筹社交六角色的确定，是对众筹本身在社交生态中各环节及各方参与者职责的细分，一部分角色突出其社交推广的一般特性，另一部分角色则强调其专业属性。如表 3-3：

表 3-3 众筹社交的六大角色

角色	职责区分	是否职业化
创客	提供项目源进行众筹和实现回报	否
投资天使	支持项目获得回报	否
领筹天使	专业的投资人或机构，筛选项目、信用背书、引导广众投资人、甚至做投后管理和退出	是
推广天使	一般性社交推介	否
形象天使	形象代言，利用自身影响力为众筹项目增色	是
经纪天使	依靠专业性进行项目有效推介	是

凡是具备职业化倾向的角色，都对应等同的专业性要求。而上述六角色的综合排兵布阵，则体现了众筹平台强调"团结一切可团结的力量"进行项目众筹无死角覆盖的意图。

在互联网营销领域有一句话，叫作"数量就是质量"，没有数量就没有质量可谈。因此对于很多众筹项目来说，传播广度和宽度能够决定众筹的效率。我们借此可以分析一下六角色相生相互转化社交影响圈层，如下表3-4：

表 3-4 众筹六角色的社交转化圈层

角色	影响力	社交转化
创客	好友、朋友圈、项目关联人	推广天使/投资天使
投资天使	好友、朋友圈	推广天使
领筹天使	专业粉丝、潜力投资人、广众	投资天使
推广天使	朋友圈	潜在投资人/投资天使
形象天使	粉丝群、朋友圈、广众	潜在投资人
经纪天使	朋友圈、潜在投资人	投资天使/潜在投资人

第五节 角色社交化到专业化

社交众筹的核心并不是社交营销，而是社交中众筹角色的专业化水准。专业性无论对个人还是平台来说，都代表着风险识别和筛选。

众筹平台本身的竞争，也由早期的地盘竞争转变到为众筹项目提供专业服务能力的竞争上来。而代表平台专业能力的这些角色，也就越来越被规范起来。

目前就众筹的两种最大业态来说，一种是基于电商流量的产品众筹，这个类别清晰明了，没什么可讨论的；焦点在于基于互联网众筹模式的股权融资，这一领域已经进入金融的专业领域，金融属性强烈，专业性要求也相对比较高。因此，在众筹角色的设定上已经形成领投＋跟投的这种主流形态。

领投＋跟投，在众筹社交应用中的作用前文已经做了表述，在众筹的专业性上，平台系统通过引入专业机构的方式来筛选和界定风险。目前，一般涉足股权融资的众筹平台给领投人的定位和职责主要有筛选风险、风险定价、投后管理、项目推出。其实这基本上照搬了传统风投机构的募、投、管、退功能，使得项目从众筹开始到收益退出，都有了第三方专业机构的管控，从而强化了普通投资人对项目和平台的信任度，从某种程度上降低了投资的风险。

然而领投＋跟投在现实实践中，是否也面临许多考验呢？

专业机构领投，靠谱吗？

很多专业的投资人在某些公开信息中对机构领投模式大加吐槽。近期更有媒体曝出某知名股权众筹平台普通投资人不满机构投资人"空手套白狼"的做法！

所谓"空手套白狼"，是说在众筹过程中，机构领投项目的资金没有达到众筹额度的50%或以上，甚至只达到项目的20%，便要管理项目整体100%的资金，并且一般跟投的投资人还要为此承担管理费。按照这种状态，就是说一个筹资额度达到1000万元的项目，机构投资者只要出200万元的资金，就可撬动和管理1000万元的财富，在收取管理费的同时，还能享受到更好的退出条件（机构对项目的议价能力、专业性远高于普通投资人）。这种模式，基本可以看作平台＋机构＋项目合谋，坑害了一般投资人，因为一般投资人拿出了支撑项目成功的大部分资金，承担了项目失败的大部分风险，退出条件并不一定占优势，最后，还要为这种不均衡的投资回报向机构缴管理费。

为什么会出现这种情况呢（并非个案）？

很多平台在生存战中，必须向主流的领投模式靠拢，这就需要笼络一批投资机构（最好是知名的），平台诉求越强烈，两者之间的地位就越不均衡，最终导致平台向机构倾斜，以换取机构的站台支持，最终造成了机构对其他角色的压榨。

可即使如此，很多机构投资人仍旧不觉得领投模式具备吸引力，因为这在通常情况下违背了风险投资的生态环境。众所周知，风投机构是靠高风险高回报来攫取利润的，当一个机构凭借其人脉资源和专业性找到一个优质项目时，一般情况下他们都想多投点，而事实上他们也不差钱，为什么还要在投资身后拖上一堆需要料理的尾巴（跟投的投资人）呢？市场上的通常说法是，缺乏足够好的项目，而从不匮乏足够多的资金。真正的好项目，从来不缺乏资金热捧。所以市场上有一种声音在说：现在拿到众筹平台上的项目，多数是一些品质和融资能力都相对较差的项目，是低回报和高风险的代表。正因如此，机构们的领投就会越投越少，将风险转嫁给一般投资人。

当然，以上的情况并不是股权融资中领投模式的全貌，但在市场上也确实存在，这在事实上体现了互联网众筹和传统金融在相互融合过程当中的磨合期特点。

更开放的传统机构们会将互联网众筹看作是一种趋势，甚至是风投的"互联网+"模式，相应的，他们对众筹平台采取了积极拥抱的姿态。而对于众筹平台，在机构和平台的博弈当中，具备战略眼光的平台都站在了普通投资人一边，对领投模式加以规范。比如京东的平台股权融资中领投机构是不收取管理费用的，而新上线的360淘金，号称要颠覆机构和平台间的不对等地位，进而创新性地将项目尽调、风险筛选等可能给平台带来风险隐患的工作揽在平台身上；同时还尝试了"远期定价模式""债转股模式"等，惯于行业颠覆的周鸿祎希望以此让平台能对等地和机构实现合作。虽然有专业人士不看好这种自己造雷扛的姿态，但到底前景如何，只有时间能给出答案。

那么，股权融资除了机构领投，还有他途可选吗？现在我们来解析一下不同于时下依靠机构领投的产业领筹模式。

机构领投 PK 产业领筹

产业领筹是领筹系独树一帜的另一爆点。

领筹系旗下的贵阳众筹金融交易所通过2015年的世界众筹大会建立起广泛的认知和交易所背书，规划的200条产业领筹跑道已初具规模，目前已横跨餐饮、露营、电竞、科技、房地产、矿业、影视、体育、文化等78个行业 /

产业板块。每条产业跑道皆以"互联网＋产业＋众筹"为运营模式，其中比较热的产业如餐饮美食领筹人由中国烹饪协会领衔的小天鹅集团、真功夫集团、千喜鹤集团三家传统餐饮龙头企业担当。体育板块领筹人为世界跳马王，原奥运冠军楼云领衔。在 2016 年爆发式增长的旅游露营产业，则由行业领军北京宋致露营担任产业领筹人。

产业领筹对比机构领投的特点在于，产业领筹人一般都是该行业中的龙头企业，代表着行业的高度，在本行业内资源丰富、专业、深谙游戏规则和风险点，而且也不匮乏投资经验。产业领筹人以期对整个产业上下游业务链条的了解，对该领域内的项目价值判断更接地气，风险点把握也更精准，而他们的产业孵化能力也比纯资金优势的机构更具优势。

以餐饮领筹人真功夫为例，1990 年真功夫由公司创始人潘宇海先生在东莞长安创办，历经初创期、标准化运作期、品牌运作期、资本运作期，实现了由个体企业向现代化企业集团的飞跃。截至 2014 年 3 月，真功夫门店数量达 570 家，遍布全国 40 个城市，是中国快餐行业前五强中唯一的本土品牌。真功夫经历过资本的进入和退出、上市的规划和准备，对快餐企业发展拥有丰富的经验，当之无愧地成为餐饮产业尤其是快餐产业的领筹人。

根据真功夫董事长潘宇海的规划，真功夫正在打造一个"中式快餐孵化器"创业平台，这个平台依托真功夫多年标准化体系建立起来的包括 O2O 营销系统、供应链系统、智能门店营建系统、互联网众筹和真功夫米饭大学这五大支柱，用平台化模式支持和帮助创业者。对于平台孵化的好项目，作为领筹人的真功夫也会以投资的方式进行支持，最终达到潘宇海所说的"未来十年，如果中式快餐有 10 个品牌做到千店，我希望真功夫能不同程度地参与其中"的效果。

从真功夫案例可以看出，产业领筹人多数都站在整个产业发展的战略高度上进行众筹孵化。相比机构投资人对利润的天生热爱，产业领筹人可能更注重自身品牌在产业发展中扮演的角色和具体占领的市场份额，当然其中也包括领筹自己孵化出的持股项目。

脑洞区：社交传播双刃剑

社交工具的无处不在强化了社交对人们决策的影响，因此越来越多的人希望通过社交红利来攫取财富。

比如卖酒明星，除了赵薇外，还有刘嘉玲、姚明、成龙等，其中前三位均在天猫开设红酒旗舰店，赵薇的梦陇酒庄和刘嘉玲的 Carina Lau 月销售量在 500 万~800 万元之间，走高端路线的姚家族红酒销量则在 100 万元以下徘徊。还比如，与达芙妮合作推出"圆漾"品牌的气质女神高圆圆，2016 年亲自走秀设计背包和机车的胡军等。社交和粉丝效应，当然可以放大品牌自带营销，但是，社交本身也是一把双刃剑，对正面信息和负面信息同样抱着极大的传播热情，甚至负面信息的裂变效应更加明显，哪怕是明星大咖、资本巨鳄，也未必能扛得住。

社交负面双杀效应

在圈内树立了高端时尚品位和投资能手地位的刘嘉玲，虽然在葡萄酒销售上取得了成功（貌似是其低价策略＋明星效应找到了中国市场的买单热情），但在面膜生意上却很失败。

2014 年，中国微商刚刚兴起，刘嘉玲把握商机推出了直接以"嘉玲"命名的自有面膜品牌，该品牌隶属刘嘉玲的嘉玲国际业务，在内地通过分销（微商）的方式，意图快速成为首个时尚面膜品牌。然而，该面膜推出三个月不到，一直被曝光含有违禁物质汞超标，令产品负面缠身，甚至其破产倒闭的消息一度在微商代理圈传为"佳话"，沸沸扬扬可谓搅动整个微商社群。虽然后来官方辟谣该新闻并不属实，但也不能弥补嘉玲面膜销量一落千丈的现状，创立三月亏损超过 200 万元，也就是每天亏损 2 万多元。彼时明星面膜在市场上大量出现，比如郭德纲、伊能静等都曾投身其中，如今在市场都难觅踪迹。

另外一个被社交信息秒杀还不知如何收场的是《叶问 3》的电影众筹。这是一个集金融创新、众筹打包和社交效应为一体的负面案例，特点是段位高、极其复杂、贯穿传统金融和新金融、负面效果杀伤力强，是一个极其聪明又极其愚蠢的众筹案例代表。

"叶问"是近年影坛的大热 IP，除了甄子丹的《叶问》系列，比较有影响力的还有梁朝伟的《一代宗师》、黄秋生的《终极一战》等，其中甄子丹的叶问是除梁朝伟以外最具市场认可度的艺术塑造，因此自 2008 年《叶问 1》上映之后，陆续在 2010 年推出《叶问 2：宗师传奇》，2016 年上映《叶问 3：巅峰对决》。其中第一部票房 1.2 亿元，获得市场高口碑，确立了甄子丹叶问 IP 的地位。第二部票房 2.3 亿元，票房基本翻番。第三部票房开始媒体报道的信息是各种刷新纪录：首日票房达 1.55 亿元，打破华语动作片首日票房纪录，随后又称为最快突破 3 亿元、4 亿元的华语动作片，截至 3 月 7 日凌晨，该片累计票房已达 4.7 亿元，票房超过叶问系列影片前两部之和，并放言要赶超《美人鱼》30 亿元的票房神话。但最终，这部《叶问 3》的票房终成谜团，并引发了一系列连锁反应。

可以说《叶问 3》的金融创新是非常大胆的，也将产业和金融的正面互动效应发挥到了极致，这些在最开始都是以极度欣欣向荣的面貌出现的。

根据公开的媒体报道，2015 年以来，多项关于《叶问 3》的融资类产品在市场上出现。其中包括 2015 年 10 月 28 日在苏宁众筹平台以众筹形式融资 4000 余万元。这个项目是当时苏宁上线的首个影视众筹项目，上线 20 分钟筹资额就突破 1000 万元，两天不到完成 4000 万元筹资总额，刷新行业新纪录。与苏宁众筹平行的还有众多其他互联网金融平台，也参与了该项目融资，如：玖那里金融在线、当天财富、当天金融、东虹桥金融在线、快鹿系掌控的趣逗理财、当天投资、菜苗网络等。

该项目以其强IP的明星效应在互联网金融市场成为热捧产品，其回报设计看起来既科学又喜人。以苏宁众筹上的《叶问3》产品为例，票房低于5亿元，收益率为8%，票房≥10亿元，年化收益率为11%，票房每增加1亿元收益率便增0.5%。

2016年3月4日，《叶问3》在中国大陆上映当天爆出票房奇迹，该项目幕后大操盘手快鹿系关联的上市公司股价应声而涨，其中H股的十方控股涨22%，A股神开股份在当天涨6.53%。显然，如果《叶问3》最终能获得引人注目的票房，十方控股和神开股份等上市公司的股价，势必将大幅飙涨，为快鹿系带来丰厚的利润。

形势一片大好，然而坏消息从3月4日开始接踵而至。多家媒体报道了《叶问3》票房造假事件，称《叶问3》电影票在大量院线被批量购买，却无人观影，同时存在票价异常虚高、短时间内连续排片等问题。媒体质疑快鹿集团与相关公司存在"左手倒右手"的股权关系，通过票房带动资本市场拉高股价获利，新闻不断发酵，在社交网络中成为风雨满城的传播热点，导致3月7日国家广电总局发布通知，要求严查《叶问3》的票房情况。

十方控股、神开股份、明华科技等快鹿系上市公司股价应声下落。3月7日至11日一周内，十方控股股价下跌了59%，神开股价下跌18%，关联的明华科技下跌57%。社交网络和媒体上开始集体讨伐，快鹿系被舆论"吊打"，上海快鹿相关门店被投资人堵门，快鹿系陷入兑付危机的新闻接踵而来。

据某业内人士透露，《叶问3》操盘方的总投资大概是6000万人民币，其拍摄和宣发费用（两者相加3亿~4亿元）中的80%以上费用是由市场募集而来（众筹、P2P及部分私募基金），如果一切顺利，票房创造的神话最终会以巨大市场利好的形式刺激关联上市公司股价飙升，最终实现巨额利润回报。

事实上，2015年12月24日，《叶问3》在香港正式上映，当天十方控股股价收于 3.08 港元 / 股，涨 19.84%。而快鹿系老板施建祥当初以每股 0.8 港元认购的 1.6 亿股十方控股，账面盈利曾高达 3.6 亿港元。

所以，这个游戏是这样玩的：

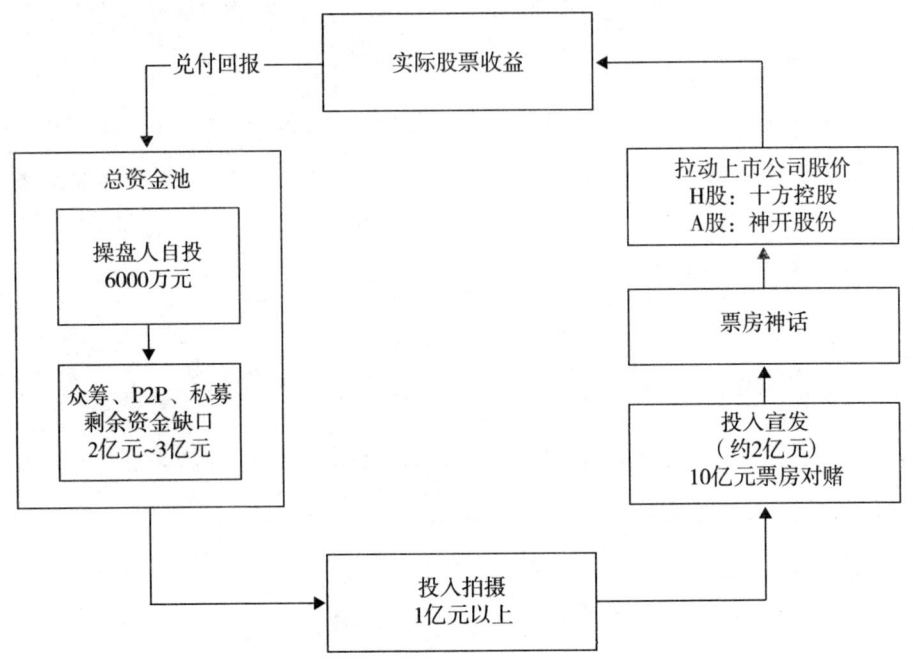

图 3-3 《叶问 3》"互联网 + 金融"的资金模式（1）

然而香港市场的成功剧情并没有在大陆上演，故事成了下面的场景：

现在在百度搜索《叶问 3》，所有的媒体新闻无外乎"叶问 3 引发血案：金鹿财行遭挤兑——公司股价暴跌 70%"之类，所以第一个爆出《叶问 3》票房造假的媒体，间接造成了该电影操盘方几十亿元的损失，相关公司是否会牵连法律诉讼还未可知。

有业内人士指出，《叶问 3》的内地上映时间在《美人鱼》之后，本来市场急需这样一部商业大片，正常情况下该电影票房达到 8 亿元应该是可以预期的，但是由于操盘手急于求成，用力过猛（电影票房造假属于行业潜规则，只

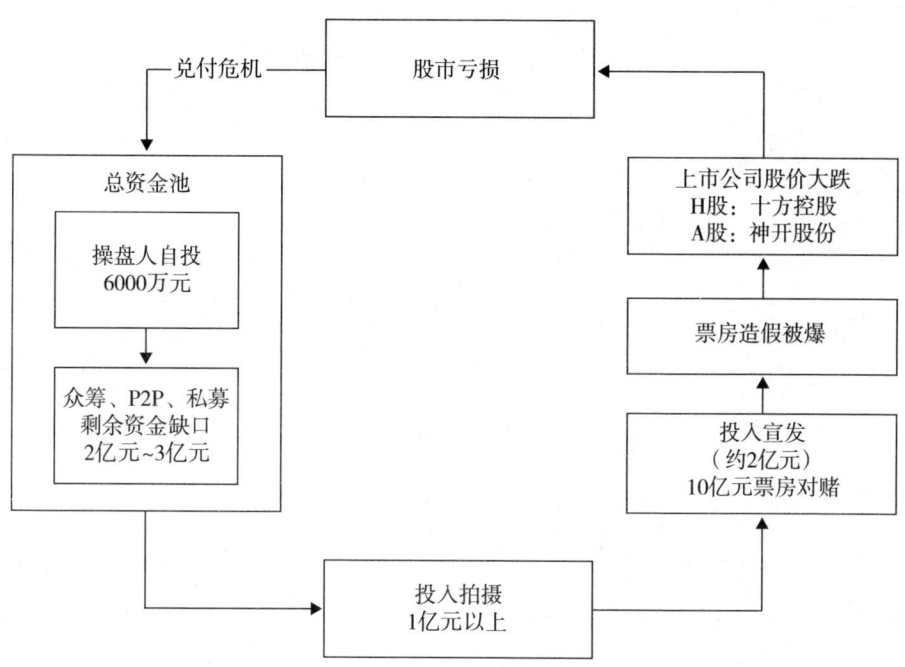

图 3-4 《叶问 3》"互联网 + 金融"的资金模式（2）

是大小多少不同而已），反而严重破坏了票房口碑，在媒体和社交传播的双重发酵下，引发多米诺效应，本来唾手可得的市场收益，变得局面失控，难以收场。

社交的裂变效应，可以一夜造就奇迹，也可以将这个奇迹一夜内毁灭。市场充满了残酷的戏剧性，玩好了会火，玩不好也会火，只不过是自焚。

社交和传播的热点可以策划、预设、引导，但永远无法真正控制。众筹以及任何市场行为唯一能控制的，就是我们自己的行为准则。

第四章 众筹之城
——被众筹点燃的城市

如果一个城市有众筹的思想和工具,确实可以给这个城市带来不一样的世界。

从众筹的市场规模、平台数量和人才结构分布来看,中国最有希望成为众筹之都的城市应该在北京、上海、深圳三个城市中产生,然而打出"世界众筹"之都旗帜的城市却是一个中国二线城市贵阳,并创造了"贵阳众筹模式",可见在互联网金融这个新世界中,确实英雄不论出处。

第一节 众筹之都贵阳

贵阳,被誉为中国西南崛起的领头羊,提出了"新金融崛起"这样豪情万丈的口号。支撑这个口号的是贵阳近年来付出满满诚意打造的三大创新金融版块:其一为移动金融;其二为大数据交易;其三为众筹之都。

而对比北上深,贵阳作为"众筹之都"的魅力和诚意都是非常明确的。在贵阳,发展包括众筹在内的新金融被提到了城市定位的高度,互联网金融创新被当成城市发展弯道超车的重要抓手,地处西南的贵阳,像一块到处飘扬着解放思想旗帜的新金融根据地,决心用最先进的互联网思想和技术进行城市武装。贵阳在 2015 年 5 月,缔造了第一个众筹金融交易所,在 10 月举办了世界众筹大会和世界众筹大赛,打造了以众筹为核心,集合众筹交易、众筹竞赛、众筹研究院、众筹基金及众筹小镇在内的生态体系。

贵阳众筹模式,生动地说明了一个城市的决心,有可能改变一个产业在中国发展的进程。同时,众筹对一个城市新形象的塑造和产业推动作用,也是深刻的。

与世界对话的交流高地

2015 年世界众筹大会在贵阳的举办,无疑使得这个城市成为世界瞩目的焦点。

在此之前，贵阳世界众筹大会在世界范围内的宣传工作，由上市公司蓝色光标操刀，将世界众筹大会宣传片搬到"世界的十字路口"——纽约时代广场，在2015年10月19日到11月2日循环播放，向全世界展示贵阳作为中国避暑之都、中国数据谷、世界众筹之都的城市风貌。这个视频每天在时代广场播放100次，"I want to reach Guiyang！"成为一种城市全新的邀约和自信的表达方式。

2015年10月23日至26日首届世界众筹大会期间，来自美国、英国、加拿大、澳大利亚、以色列、新加坡、德国等国的众筹专家、众筹平台创始人和金融界的巨头感受到了贵阳这块新金融热土的炽热。

加拿大前副总理希拉·科普斯（Shelia copps）、加拿大国际贸易部前部长史塔克威尔·戴（Stockwell Day）、以色列驻华财政和经济事务公使裴维飞、美国众筹专业协会董事局秘书长史考特·麦克林区（Scott Mcintyre）、美国著名众筹专家阿龙·希勒·塔奇（Alon Hillel-tuch）、英国Affinity Funding董事长大卫·韦、澳众融学会主席马修·品特（Matthew Pinter）、澳大利亚悉尼大学众筹研究院专家路克·迪尔（Luke Deer）、新加坡众筹平台大屿投资执行长乔伟斯基·彭（Jovasky Pang）等知名人士齐聚一堂，他们里面有众筹平台的创办人、众筹领域的知名学者及政商领袖，嘉宾背景丰富资深，演讲辩论精彩绝伦，堪称本次世界众筹大会的最大亮点之一。

在"众筹之都高峰对话——伦敦·贵阳国际众筹论坛"上，英国Syndicate Room众筹平台首席投资官詹姆斯·索尔（James W·Sore）非常诚恳地表示："政府希望对投资平台进行有效监管，同时政府在参与投资过程中拥有话语权，这是中英在众筹行业发展过程中的共同之处。鉴于司法系统复杂，众筹很难在英国做大，而中国的众筹行业发展刚刚起步，有很多可运用的资源，政府的支持是贵阳发展众筹行业最大的优势。"事实确如这位英国人的判断，贵阳政府的驱动力量，促使贵式众筹弯道超车。

时隔不到一年，贵阳政府于 2016 年 4 月率队赴伦敦考察。伦敦大学亚非学院和中国贵阳市人民政府共同举办的"伦敦—贵阳众筹之都高峰对话"论坛在伦敦大学亚非学院举行。论坛达成多项合作共识，众多与会嘉宾表示希望参加今年 10 月在贵阳举行的 2016 世界众筹大会，共同发起促进世界众筹联盟成立。

在这次回访性的论坛上，贵阳市副市长王玉祥介绍了贵阳致力打造的众筹金融创新系统和大数据风险控制系统，希望借鉴英国在金融领域（特别是在金融监管方面）的成熟经验，提升和完善贵阳的众筹金融系统。更为重要的是，英国众筹风险控制技术可能通过这个桥梁到贵阳落地，参与贵阳的大数据风控系统建设。

贵阳众筹金融交易所董事刘文献院长现场给出一个很有想象空间的预期：贵阳完全有可能在现代世界互联网金融时空中，和英国伦敦、美国硅谷共同成为世界众筹金融的创新中心和平台中心，共同创造以互联网金融，尤其是以众筹金融为核心的世界互联网新金融均衡发展格局。

2016 年，世界众筹大会第二届如果将如期在贵阳举行。在关于众筹这个课题的世界沟通上，贵阳超过北广深，率先走向了世界舞台。

贵阳打造众筹第二极

如果说众筹的第一极是由北上深为代表的平台规模、融资额度组成的话，那么贵阳这个世界的众筹之都打造的应该是众筹的第二极。其内容支撑，依靠的是众筹的二级交易市场和众筹的数据征信体系，也可以理解为众筹的大数据风控。

伴随着中国众筹的爆发式增长，尤其在去年股权众筹平台的大量出现，股权众筹的退出问题很快将成为该领域的核心问题。一个由政府背书、交易所体系支撑的公开公平公正的交易退出机制，将成为这个市场的热切需求。这也是贵阳众筹金融交易所最容易施展优势的地方。同时，贵阳在跟北上深进行差别竞争，成为他们乃至全国众筹平台的后端服务市场，还帮助这些平台从互联网金融创新领域打通到传统金融资本市场——在某种程度上，是对新旧金融体系的融合，也让互联网金融创新这条产业链最终有端口被纳入到主流金融当中。

总之，贵阳的第二极定位是为全行业平台进行服务的，是平台中的平台。因此除了交易，贵阳还将贡献自身的大数据优势。建设大数据交易所，做中国的数据之谷，这再次印证了贵阳在新金融方面的眼光和精准决策。

大数据，几乎成为现代金融风险控制的唯一方向。虽然目前整个行业发展还受制于大数据垄断严重、分析技术不足以满足市场需求等问题，但首先打造一个为所有众筹平台提供征信的数据共享通道是很有必要且具备现实意义的。

目前，中国众筹平台数量约400家，众筹总规模大约100亿，这些遍布全国的平台和业务背后，都是大数据。对于某一个平台来说，平台再大，数据也是有限的，因此贵阳如果牵头做整个行业的数据平台，兼以大数据风控技术做后盾，这个耀眼的第二极众筹之都，将很可能真正为整个行业的发展保驾护航。

贵阳有大作为

然而，贵阳这众筹第二极要真正实现价值，需要政府更多的作为（尽管现在作为的程度已经远超一般水平）。应该说，众筹作为新金融创新的代表，能够得到一个城府举城之力的支持，对众筹本身来说是幸运的，对这样的政府，应当致以高度的敬意。

贵阳既然在这方面树立了榜样，只能继续奋力前行。第二极能否打造成功，应着力侧重在以下三个方面：

其一，加强与众筹平台的沟通。尤其是北上深的代表性平台，与京东、阿里、苏宁等大平台建立关系。从目前的市场份额来看，众筹的大户已经被电商平台所垄断，要做中国众筹市场的二级市场，必然需要这些大平台参与一起玩耍。

因为二级交易市场的建立，需要通用规则，不可能每个交易标的都有个性的交易机制，那样市场便不能成立。既然要有通用规则，那二级市场的上级产业链，做一级市场的众筹平台们在众筹过程中，是否要为二级市场留下交易的"端口"呢？这种端口，可以理解成是互联网技术上的联通，但更为重要的是，各平台的众筹协议当中，对筹后交易是否有具体法律条款上的支撑。如果一个股权众筹的协议当中，根本不允许认筹股东在二级市场上交易所持有的股份，那对这个协议项下的众筹股份来说就不存在交易退出这种可能性。当然股权投资协议通常是允许股份转让的，但转让是否设有某些不利交易的前置或者后置条件，即使这些条件并非不利交易，而只是有些麻烦，也可能成为阻止大家进入二级市场的门槛。

因此，贵阳应加强与全国众筹平台在机制上的沟通，使得众筹的筹后交易成为有效的市场退出方式，在客观上，任何一家众筹平台都存在这种需求，只是从需求到满足需求，可能还隔着一万次主题会议。但这件事本身对众筹发展和行业健康度，都意义重大。

其二，加强与监管者的沟通。互联网金融经过了近年的快速增长，2016年终于迎来了监管年。在这一年，关于股权众筹等具体众筹监管政策细则还没来得及正式推出，就被搁置了，因为面对整个互联网金融的全面清查开始了。

这当然是市场混乱发展的必然结果，适当的监管绝对有利于行业的发展。只是监管者并不是神通广大的如来佛，他们无法面面俱到。因此市场常常出现一些尴尬局面，被监管者顾及的问题，即使不够合理也能有具体政策，市场便有法可依有规可循，而那些没有被监管者顾及的问题，则变成无人敢于涉足的禁地。

比野蛮监管更可怕的事情，就是未被列入监管日程，身份模糊，来历不明，处境尴尬。比如收益权众筹，可以成为股权众筹很好的补充，筹后交易比股权众筹更简单，但因为没有相应的政策明确地位，使得这种众筹方式成为股权众筹的一种操作模式。再比如筹后交易，应该依据什么法律法规进行交易，是否针对这个市场的特点和个性做一些交易制度上的调整？不知道、不清楚。

因此，加强与监管者的沟通，有利于从最高层面获得具体的政策支持，为贵阳独树一帜的众筹模式争取足够的发展空间和话语权上的优势。

其三，与政策的沟通。政策的沟通不同于监管政策，是众筹发展所涉及的更为广泛的一些具体政策。

比如股权众筹，现阶段同行的相对合规的股权众筹背后的法律结构就是将认筹者打包成立一个有限合伙公司，由这个公司实现对众筹项目的投资，认筹者的法律身份就是这个合伙公司的LP（有限合伙人）。这样做虽然走通了法律路径，但在现实操作中存在重大的困难：

首先，我国的企业登记设立手续比较烦琐，LP需要到工商部门验证身份证原件，即使像深圳这种比较先进的采用网上登记的地方，也要使用银行U盾签名验证，耗费时间和精力。注册完成开户也基本需要10天时间，也就是说众筹项目拿到钱，至少是1个月以后的事情，投资效率很低。其次，作为一个公司，日常管理又是一堆烦琐但不可避免的杂事，因为涉及这个众筹项目的跟进、信息披露，只要LP们想要得知的信息，都会转变成公司成本，此外还有税务、财务等公司必备事宜。最后，假如众筹项目失败，需要说明的是这种可能性非常高，那么失败后公司资产清算、债务清偿、公司注销等，又是比前面两件更麻烦的事情，而且鉴于失败后果造成的不佳情绪，可能当事人配合的积极性会大大降低。

因此，在现实环境中，股权众筹在实操层面亟待相关政策的优化。否则，此时热闹的众筹，可能转眼便是镜花水月的一场错觉游戏。曾有人为股权众筹开出"契约型基金"的药方，认为这一配方会在现实操作中帮助股权众筹走得更远，但即使如此，契约型基金也需要某些必要的"改良"。

互联网金融创新和世界众筹之都的前路都还漫长，真正的行业腾飞不能依靠野蛮成长；在渡过叛逆期后，还需要融入正规主流市场，要在这个市场上确立身份地位，需要主动去影响他们，为行业发展预留合理空间和端口。贵阳之路，且行且珍惜。若一日能穿透这些阴霾，则是整个互联网金融的英雄之城。

第二节 众筹之都伦敦

英国伦敦已经超过纽约与旧金山，成为世界众筹之都，这让曾经在一个大时代拥有辉煌无比的金融地位的国家，再一次在新时代绽放光彩。

作为老牌金融帝国，在本次与贵阳的近距离对话中，他们表现出对中国新金融迅猛发展的浓烈兴趣，英国伦敦大学亚非学院金融管理学院院长克里斯丁·奥顿表示，支持伦敦大学亚非学院与贵州财经大学、贵阳众筹金融学院合作开展众筹金融博士生培养计划。

那么，英国及伦敦的众筹能给我们带来什么启发呢？

市场增长迅猛

据市场报告数据显示，英国的互联网金融行业规模在 2015 年达到了 32 亿英镑（折合人民币约 300 亿元）。共 109 万人参与，同比增长 84%，其中第二季度增速最快，比第一季度增长了 20%。要知道英国总人口只有 6000 多万，即 1.8% 的人参与了互联网金融活动[1]。

而在众筹领域，增长速度最快的是公益众筹和股权众筹。公益众筹虽然小众但规模却从 2014 年的 200 万欧元增长到了 2015 年的 1200 万欧元，增长率达 507%。股权众筹也增长可观，达到了 295%，从 8400 万欧元增至 3.32 亿欧

---

[1] 数据来自剑桥发布的《2015 年英国互联网金融行业研究报告》。

元，约 24 亿人民币，是 6 个京东股权众筹的规模。

英国整个互联网金融良好的发展氛围，离不开政府在财税政策上切实的支持，特别是制定了优惠的税收政策。英国财政部就表示，从 2016 年 4 月份开始，通过互联网金融获得的收入当中，第一次 1000 英镑的收入享受完全免税的福利。1000 英镑约为 1 万元人民币，虽然还是比较小额，但从整体政府的态度来看，是给予积极支持的。

监管张弛有度

就像互联网金融在中国遇到的情况一样，英国民众也普遍对这一新的金融形式存在信任度上的问题。在一份市场针对互联网金融平台的问卷调查中，人们普遍认为 50% 的平台存在较高的风险，特别是网络安全漏风风险。而 57% 的被调查者则认为，平台的操作不当，将使这些平台存在较高风险。

为了普遍提高大众对这一新金融形式的信任度，英国金融行为监管局与行业自律协会，包括 P2P 金融协会和众筹协会等组织建立了密切合作，通过监管者和市场协会的沟通，制定了一系列监管政策，旨在维护行业的规范化发展，保护大众在参与互联网金融时的资金安全。

在英国股权众筹开始之前，普通大众只能购买公司上市后公开发行的股票，而参与股权众筹相当于购买未公开发行的股票，这对于普通大众而言，无论是在资本开放、金融发达的美国，还是在中国都具有一定的门槛。然而在英国，这种受限的投资人状况在 2014 年 4 月通过政府出台股权众筹法律的形式被完全打破。英国的股权众筹平台允许大众参与投资初创企业，真正体现了股权众筹的划时代创新精神。

新颁布的法律明确降低了投资者门槛，使平民百姓也能参与其中。其中，参与股权众筹的投资者分为六类：（1）专业投资者；（2）接受专业意见的投资者；（3）风险投资者；（4）认定的或自我认定的高级投资者：要求在 2 年内至少投资过一个非上市公司或者是天使投资人组织成员时间超过 6 个月；（5）高净值人群；（6）非成熟投资者：投资金额不超过其净资产总额的 10%。

除了规定投资者，FCA（Financial Conduct Authority，英国金融行为监管局）要求股权众筹平台需要确定投资者以了解投资风险，一般平台采取调查问卷的方式来保证这一点。虽然 FCA 对前五类股权众筹的参与者都有很高的要求，但是第六类"非成熟投资者"明显是指普罗大众，为草根民众进入互联网金融领域留下了入口，非常有利于这个市场的活跃，同时也体现了机会均等的平等理念。

而对于众筹平台监管方面，英国有严格的准入制度，即必须经过金融行为监管局部门授权，才可以开展相应业务。这一方面提升了平台的准入门槛，另一方面也提高了众筹平台融资的安全性。

第三节 股权众筹发源地硅谷

金融帝国——美国在互联网金融方面的立法，也是全世界立法的风向标。比如大名鼎鼎的《JOBS法案》(Jumpstart Our Business Startups Act,《促进创业企业融资法案》)，其具体政策一直被世界各地所借鉴。

大名鼎鼎的《JOBS法案》

2015年10月23日，美国证券交易委员会投票通过《JOBS法案》非常重要的第三章，此举被普遍认为是美国开放"股权众筹"市场的法律基础。

其相关重要条款是：

（1）股权集资扩展到可以面向非认证合格投资者；

（2）创业公司和小企业每年可以通过股权众筹的模式私募集资不超过100万美元；

（3）个体投资者如果年收入小于10万美元，每年可以参与投资的额度为2000美元或其年收入的5%，两者之中的大数。个体投资者如果年收入大于10万美元，每年可以参与投资额度为其年收入的10%或者个人净资产的10%，收入较高者可以将上限提高到10%；此外，个人投资者每年的最高股权众筹投资额为10万美元。

这意味着政策取消了投资人必须是认证合格投资人的限制，普通投资人等社会大众皆可众筹投资各行各业有融资需求的小企业。

硅谷众筹模式引领者

股权众筹这一募资形式最早是在美国出现的,世界上第一个股权众筹平台AngelList于2010年诞生于美国硅谷,随后股权众筹便传遍世界各地。

AngelList在创立之初是作为创业者和投资人的快速沟通渠道,帮助创业者和投资人双方生成相关融资所需的法律文件,对交易本身涉入不深。

在2013年年底,根据市场发展的需要,平台在功能方面进行了机制上的改革和调整,AngelList推出"领投人+跟投的"联合投资"模式,投资者可以跟着某个知名的投资人或投资机构一起投资,并组成联合投资体,共同向领投人发掘出来的投资项目投资。领投人负责找项目、进行投资后管理,并在跟投人的投资收益中获取5%~20%的提成,作为回报。

这一方式,被中国股权众筹平台争相效仿,并成为市场主流。

中小企业融资困境

与中国类似,美国的中小企业也存在融资难的现象,虽然美国资本市场成熟,但对于资金的需求仍不能完全得到满足,中小企业存在着大量的资金缺口。在美国,每月约有56万个公司成立,每年约有678万家企业成立,其中中小型企业占99.7%。每个企业成立之初约需要资金7.8万美元,主要通过个人存款、朋友和家人资助获得资金。小企业由于自身发展前景不明确、财务制度尚未健全、放贷风险大等因素导致其向传统的融资渠道融资难度较大。

《JOBS法案》正是在这样的背景下出现的,目的是为了改善美国资本市场对中小企业不断下降的服务能力,简化IPO(Initial Public Offerings,首次公开发行股票)发行程序、降低发行成本和信息披露程度,在众筹、私募等方面大力改革注册豁免机制，增加市场操作的便利性。这些方面都值得中国监管者进行借鉴。

《JOBS法案》第三章的通过，实际上是明确了未来美国股权众筹主要从小企业最高融资额、投资人的最高投资额、发行人信息披露、众筹融资中介的职责和投资者保护等几个方面促进对小企业的直接投资，以此来帮助小企业通过在线的方式、低成本地向广大个人投资者出售证券这种投资活动的基本原则。

有部分观点则认为，上述政策更深层次上则意味着原来美国富人、机构拥有的对股权投资权利的垄断被完全打破。据悉，目前美国每年的风险投资市场规模大约为300亿美元。若普通大众也可以进入这个市场对初创企业进行投资，市场规模将增至3000亿美元。并且，这样的设定将让初创企业能够更容易地获得融资，融资过程也会更为正规化。

▋脑洞区：如果众筹城市化、社群公社化

如果城市众筹化、社群公社化，世界将会怎样？

也许答案是"未来已经来临，只是尚未流行"。

众筹在过去或者未来，成为一个城市的日常，并非未曾发生，事实上，它不但可以改变一个城市，也可以改变一个国家。

众筹城市化

众筹，从社会关系学上来说，是一门关于社群的科学，它最大的意义在于，多数人参加去决策或者完成一件事情。对于一个城市来说，众筹化的城市，令人想到两千多年前的雅典城邦制度。

雅典城邦政治中最闪耀光芒的是它的民主精神及保护这一精神实施的法律。如，梭伦改革将雅典引入民主的轨道，克里斯提尼改革使雅典最终确立起民主制。伯里克利斯曾自豪地宣称："我们的制度之所以被称为民主政治，是

因为政权在全体公民手中，而不是在少数人手中。"体现雅典人这种公民主权观念的，便是民众大会权力至上的制度。雅典的民众大会是所有成年雅典公民皆可参加的大会。在这里，任何公民都可发言；一切法律在其颁布之前都要在这里讨论通过；所有重要的国家官吏者要在这里选举产生；一切关于战争与和平，及其他重大国务都要在这里经过辩论、以多数人的意见作决定。通过这种制度，雅典的普通公民确实有许多机会去影响乃至决定政府的决策。而通过选举产生的官吏，也能较好地体现和执行民意。而雅典的官吏也是向一切等级公民开放的，这项制度的要领是：人人轮番当统治者和被统治者。

每每看到此处，不得不惊叹雅典这座城邦的神奇和当时大思想家对这一时代辉煌文明做出的特殊贡献（尽管苏格拉底被投票毒杀），民主的精粹也体现为对民意的众筹。

正如奥巴马在两千年以后，通过新的互联网社交媒体得到人民的支持，成功"众筹"成为世界第一强国总统一样。无论是资本主义还是社会主义，最终人类都更加相信，应当赋予人人以表决的权利，每个人应当自由地决定自己的现在以及未来，这是对约翰·洛克所说"权力不能私有，财产不能公有"的社会机制的高度认同。

如今，我们的城市正变得越来越众筹化，从市政决策的听证制度，到市政工程的PPP形制，通过民意的众筹，最大化地让民众参与到日常决策当中；更重要的是通过这种参与，分担了城市管理者的责任，也分享了城市发展的效益。借用小米自造的概念，城市化的众筹，使得城市民众们拥有更强的"参与感"，最终他们将认同这个自己的城市，并为之奉献自己的热情。

代表中国城市众筹化的贵阳，近年来从世界众筹大会到马拉松众筹，再到电子游戏竞技众筹，都体现出一种规模化、全民化的倾向，我们或可理解为这是一个城市在众筹化道路上有意识地主动切入，让每一个普通人可以去创造城市的历史，成为城市发展的领筹人。

互联网新生态社会众筹化

古老的雅典城邦靠着法律实施民意的众筹，以裁决整个城邦的未来。

两千年以后，在全新的无所不在的互联网生态网络当中，任何一个拥有笔记本电脑的 IT 工程师，都可以面向全世界众筹任何他感兴趣的东西或者工作，甚至就此颠覆一个产业。

研究互联网技术对社会和经济影响的美国作家克莱·舍基曾写过一本《未来是湿的》的书。在书中，他描述了互联网世界从传统的微软软件发展到开源软件后，互联网生态在组织形态上的区别。如今，我们可以非常清晰地看到像维基百科、脸书、推特及中国的微信、百度百科等，在互联网的世界诞生了一种没有组织的组织，这种组织并没有组织的形制，却拥有组织的力量，我们姑且称之为"网络无组织"形态。

对于近年轰轰烈烈的"互联网＋"浪潮来说，正是对于这种网络无组织形态意志的表达和满足，众筹化、开源化不仅是一种软件开发信仰，也是现代互联网产业信仰。因为越来越多的企业经营者开始相信，打败他们的敌人并不是自己的竞争对手，而很可能是那些跨界过来的未知对象。因此，所有产业都在讨论一个问题：如何众筹和开源化？

餐饮企业在跨界去做机器人领域的应用。人们说的 AI（人工智能）或者 VR（虚拟现实），很可能诞生在餐厅当中，因为餐饮老板如此热情地希望机器代替服务员提供智能化服务，尽管这一希望达成尚需时日，但这至少表现了整个餐饮行业面对新社会形态的危机感，他们想要向一切新领域众筹。我们看到，卖粉的张天一为伏牛堂搞了百万人规模的线上发布会，并在微信上建立青年霸蛮社群，推广青年创业和他们的牛肉粉；卖煎饼的赫畅会搞脑洞大开的"世界的背面"分享会，一千多页 PPT 从物理学讲到外星文明；撸串的"很久以前"的创始人宋吉创造了顾客互联网打赏机制，号称要建立企业新维度关系……

餐饮企业者这些"令人匪夷所思"的表现，让很多同行者体验到互联网时代，一个品牌想要继续活着就必须团结更多更广泛的群众，并将其组织成以这个品牌为核心的新的"网络无组织"形态，而存在于这个形态中的每个个体，由于都被注入了品牌粉丝基因，一旦条件成熟，即可生根发芽。

企业社会结构公社化

企业在众筹化中的一切努力，都体现为一个集中的诉求：在不确定的市场环境中寻求生存的确定性。

对比任何一个时代，现在的商业环境竞争可以说是最惨烈的，因为不知敌人来自何方。庞大的线下实体店，被互联网工程师写出的网上交易平台所击溃。庞大的出租汽车行业，突然成为另一个互联网出行服务公司提供服务的下游产业。庞大的电视媒体广告，突然被无数不知其名的自媒体从业者所分流……这是一个孤立企业无以自处的时代，是一个需要异业众筹联合的时代。

因此，人们想到了"公社"这个团结一切力量的字眼，领筹系的"领筹公社"形成一种新时代的力量，这种力量正如克莱·舍基所形容的"网络无组织"形态一般，是一种拥有力量的无组织组织。这一理论模型由贵阳众筹金融交易所董事长刘文献院长提出，意图通过公社这种载体和众筹这种工具，重新结构各个产业中"散兵游勇"般的企业，通过公社联盟，建立对抗或者说迎接这个充满不确定性的大迁徙时代。

这种结构的核心是，企业通过向公社贡献股份的方式，建立"血肉联系"，他们拥有共同的股份池，这个股份池的成色决定了公社强大与否。同时，公社形成了闭环的众筹产业金融链条，世界众筹大赛和众筹学院是这个链条的入口，企业通过竞赛和学习，进入众筹金融交易所和领筹金融体系，向全社会众筹资源，在这个过程中，优质企业得到领筹基金直接的金融支持，被送上新三板或更高层次资本市场，之后股份溢价重新反补公社利益。

与其他一些社会培训或商业组织结构不同，领筹公社的精髓在于通过众筹成就公社力量，其繁荣方式就是不断自我庞大，具备病毒一样的生产力，成为孵化企业成长的温床。

可以说，领筹公社是众筹的社会结构化力量。

这是一种新的社会力量。

第五章　我的世界众筹大会

所有的预言都在说，大时代的风口已过，再也不会出现 BAT 这样能引领风骚的霸王企业。

是的，在过去的几年中，自从雷军提出"风猪"理论后，就有无数的小伙伴假装自己是猪，到风口乱撞，风口一个接一个，飞起来的猪，有的也成了行业里的独角兽。

风从未停止，甚至比以往任何时候刮得都更剧烈，尤其从众筹的世界看过去，我们看到无数的梦想在鼓噪，他们想要颠覆现在世界，包括 BAT（指中国三大互联网公司：百度、阿里巴巴、腾讯）。因此在 2015 年，我们面向全世界几乎是零门槛的组织众筹人到贵阳，举办了中国首个"众筹大会"，在混乱和奇迹的颠沛中，世界众筹大会由草根的狂欢中展示出一股独特的众筹力量，这力量本身，或许就是未来的 BAT。

第一节　从 1 元到 1 万元的万倍增长

2015 年 8 月 12 日，首届世界众筹大会新闻发布会在人民日报社综合楼成功举办。首届世界众筹大会于 2015 年 10 月 24~26 日在贵阳隆重举办。来自全球的业界专家、金融学者及创客们齐聚贵阳，共同探索全球众筹金融发展之路。

此次大会由贵州省贵阳市人民政府主办，贵阳众筹金融交易所等众筹金融生态体系内相关机构，携手国家相关部委、行业协会、金融机构、各行业领筹人及国内外多家众筹平台联合主办。其全称为全球首届"世界众筹大会暨全球创客博览会、全球创客狂欢节"，以"世界为你我众筹——众联、众创、众包、众享，大众创业、万众创新"为主题，是继全球大数据博览会成功举办以来，2015 年在贵阳举办的第二次世界级盛会。

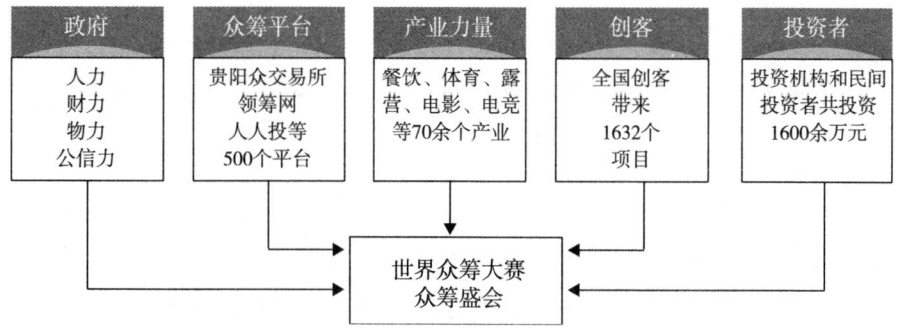

图 5-1　世界众筹大赛平台数据

在本次大会中产生的世界众筹大赛平台，可谓一时光芒无双，瞬间万人瞩目。而创造这些的本质，除了市场对于众筹的热情，应归功于大赛本身"完全解放"的机制设置。这种机制的解放，使得这次大会更像是改革开放初期的深圳，欣欣向荣和洪流泥沙俱下的乱象同样惹人注目；也像早期的淘宝，一键网购全世界的疯狂和令人嗤之以鼻的山寨，至今还是经济界争论的焦点。但无论争议如何甚嚣尘上，都不曾改变新的经济形态对社会发展的解放和促进，当沧海桑田之后蓦然回首，那些混乱只不过是孕育新经济过程中暂时的系统不适。

从 1 开始

"只因在人群中多看了你一眼，再也没能忘掉你容颜。"这是歌曲《传奇》中的名句。众筹大赛的机制就如这一句歌词所描绘的一样，人群中的"一眼"，使得人们在这次万众大会中彼此建立联系，形成关联，进而互动，让众筹的社交基因强烈发酵，最终带来大赛项目、创客、投资天使……从陌生到熟悉的过程。

为此，大赛在机制上几乎零门槛地向社会敞开，成就了真正的草根狂欢姿态。

（1）1 秒注册。众筹繁荣于互联网这个基础，因此快捷方便的注册，就是世界众筹大赛的互联网属性。

大赛系统基于 PC 端和移动端进行双向开发，尤其是移动端，使用者可以通过微信扫描大赛二维码，实现一秒注册，也就是现在多数平台都在用的一个账户跨平台登陆。注册的要求，简单到只要会用微信，便能注册，使得大赛以最大的友好程度向广众人群做了开放。

（2）1 元起步。注册之后，进入大赛程序，1 元就可以参与到众筹大赛的项目竞争中去。无论是专业的投资机构，还是只想进门玩耍一下的民间投资人，1元不嫌少，1000万元不嫌多。

很多人认为，1元的投资对一个项目来说，根本没有意义。纯粹从融资的角度看，的确没有意义，但是从众筹的眼光看，1元意义重大。

虽然只是1元钱，但这使得一个陌生人与陌生的项目产生了联系，这1元钱的联系，通过大赛的三轮竞赛，可能转变成10元乃至10万元的联系。现代互联网的最关键点在于首先建立联系，1元就是两点间直线最短的联系，通过1元钱，支付者完成了与支持项目、所支持项目背后的创客、大赛的其他项目、大赛、贵阳和众筹的链接，进而或主动或被动地去了解更多的项目。如果这个项目够好，他会将项目转发给自己朋友圈的人，从而带来新的注册用户和支持。或者他发现了其他更好的项目，转而将自己的朋友圈和资本，支持了这个"新大陆"。

最终大赛筹集金额总数为1600余万元[①]，如果单从这个金额上认知和判断，跟国内某些互联网公司动辄上亿元的融资对比，那简直不值一提。但如果换个角度讲，这1600余万元，都是从最开始的1元钱累积和裂变出来的，你就会感到震撼，额头冒汗！大赛这种模式，带来的人群裹挟效应，最终将产生惊人的结果。

（3）1站到底。大赛体系从无门槛开始，无论项目闪闪发光，还是荒诞可笑，这些项目都可以通过大赛的三段式体系竞争淘汰最终走向真实的众筹项目发行赛，这个过程，就是一站到底。

---

① 数据来自贵阳世界众筹大赛公开数据。

第二节 三段赛制，数读大赛

本次众筹大赛最富有智慧的创造，就是三段制的赛制设计和1变3的支持机制。

1变3机制

所谓的1变3机制，就是在所有人进入大赛支持任何项目1元钱开始，这1元在大赛系统中就变成了账户中的3元，分别是1元投票券、1元投资券、1元消费券，三券在不同的阶段使用具有不同的作用。对于每个注册用户来说，他们就同时拥有了四个账户，分别是现金账户、消费券账户、投票券账户、投资券账户。

面对这么多账户，很多注册者进去后会有点晕的感觉，但伴随三段赛制的进行，他们马上会体会到其中的魅力。

三段赛制

从2015年9月18日正式启动，到2016年1月20日结束，大赛分成三个等级和功能皆有不同的赛段。

图 5-2　世界众筹大赛三级赛段设计

其中第一个赛段,称为"入围赛",从 9 月 18 日开始,10 月 22 日结束,定位为 500 强项目入围赛。这个阶段,就是注册用户最先投入 1 元的过程。通过 34 天的竞争,1632 个项目在互联网上展开路演和拉票活动,充分发挥互联网传播和社交功能优势,每个项目都以创客为核心聚集了一批投资天使、形象天使、推广天使等,在信息的狂轰乱炸中,通过真金白银的选择,500 强得以脱颖而出。

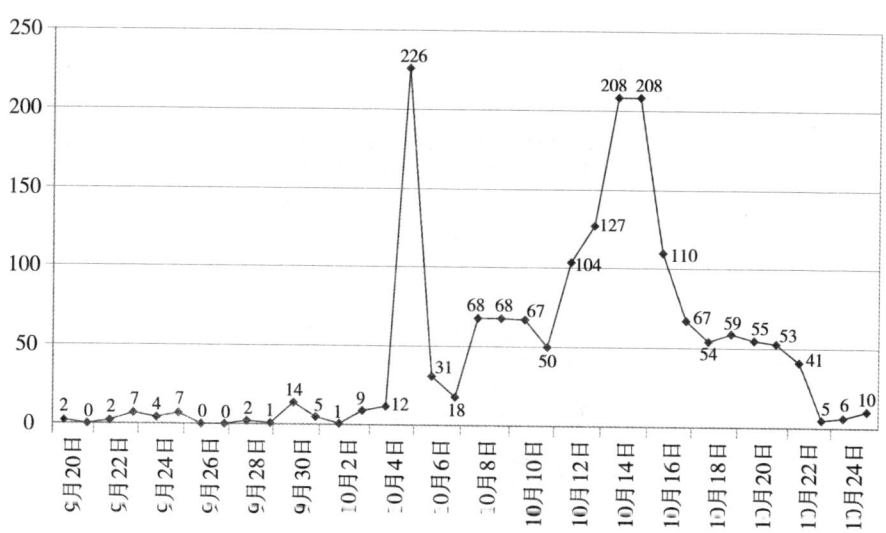

图 5-3　世界众筹大赛项目上线数据[①]

9 月 18 日启动后,项目上线速度一直不高,但伴随各角色的持续发酵(当然还有线下活动的配合),在 10 月 4~6 日达到一个高峰,10 月 12~18 日,形成另外一个高峰。

---

① 数据来自贵阳世界众筹大赛公开数据。

伴随项目的上线高峰，紧跟而来的会员注册高峰，如图5-4：

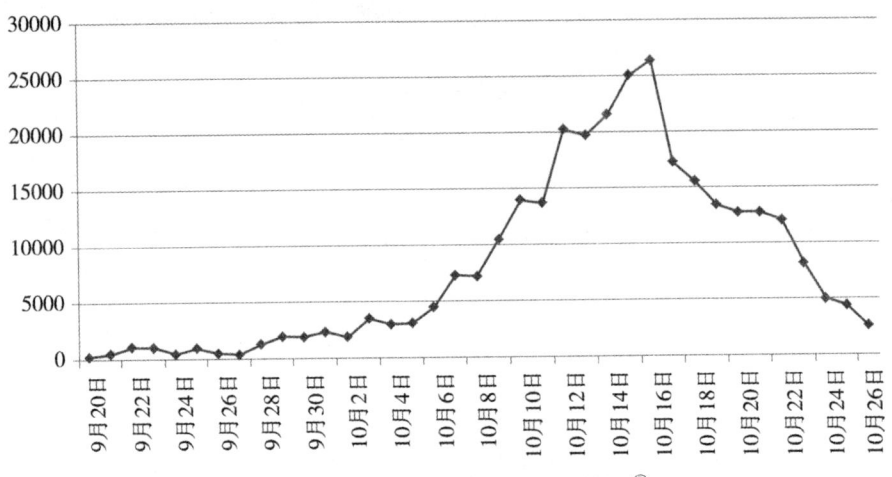

图 5-4　世界众筹大赛项目高峰数据[①]

图 5-5　世界众筹大赛某会员账户移动端截图

---

① 数据来自贵阳世界众筹大赛内部资料。

项目的发布，带动了会员的注册，会员的注册接着又裂变式地加剧了会员注册增长动能。

上面这个用户，共推广了 92 个注册用户，由这 92 个注册用户继续发散推广，关联注册人共 2646 人。这就是社交互动的魅力，用在众筹大赛第一阶段的入围赛中，传播优势明显，可以最大限度地带动大赛火爆模式，开启第二赛段。如图 5-6：

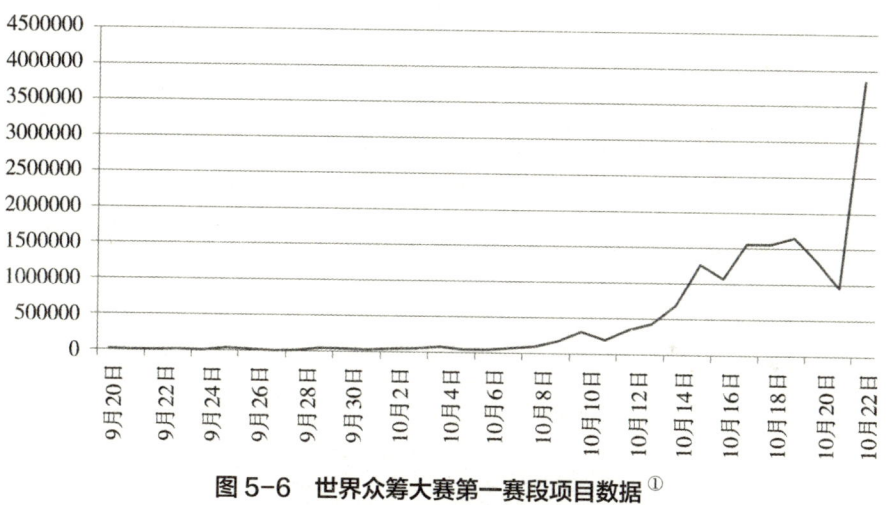

图 5-6　世界众筹大赛第一赛段项目数据[1]

入围赛结束的 10 月 22 日，大赛迎来了第一个投资高峰期。这说明竞赛的模式，有助于大家在某个赛制节点迸发热情。1632 个项目，在这天依据投资排行，70% 的项目被淘汰，由 500 个投资天使投出来的项目进入第二赛制。即 10 月 23~26 日，称为"打榜赛赛段"。

第二赛段的时间是 23~26 日，刚好跨越世界众筹大会全会时间。500 个入围项目中的优秀者，通过线下的众筹大会，进行现场路演，以加强项目的影响力和投资人对其认知度。

不同于第一赛段，第二赛段不再使用现金投资，而是用 1 变 3，变出来的

---

[1]　数据来自贵阳世界众筹大赛内部资料。

投票券。也就是说，投资人在第一赛段投出的现金，并不会随着70%的项目淘汰而石沉大海；相反，他们可以用换来的投票券再去支持第二赛段中的500强项目，进一步竞争出100、30和10强来。投资人没有受到淘汰的影响，相反，他们通过上一阶段的淘汰机制擦亮眼睛，将更具备含金量的投票券，投给500强中的优质项目。

第二赛段通过投资人再投票，产生TOP100强，达到了竞赛海选的最高潮。这100强是"人民战争"的胜利，没有任何专家评委出场左右淘汰，完全是投资人自己买单买出的结果，也是最真实的结果。

到第三阶段，经过两轮击杀的创客，带着不断完善和反复打磨的项目，最终按照大赛规则，进入真实发行赛，完成线上众筹。在该阶段，投资人可以用账户中的投资券对项目进行支持，所有支持的投资券，最终也将成为该项目的众筹金额。

而这时，注册用户还拥有一个消费券账户，账户中的消费券金额则可以到大赛的商城当中，兑换本次大赛的相关衍生产品。如图5-7：

图5-7 世界众筹大赛系统衍生品兑换功能页面

三段赛制的设计，是对大赛投资人（粉丝）力量的聚焦和重组，如图5-8：

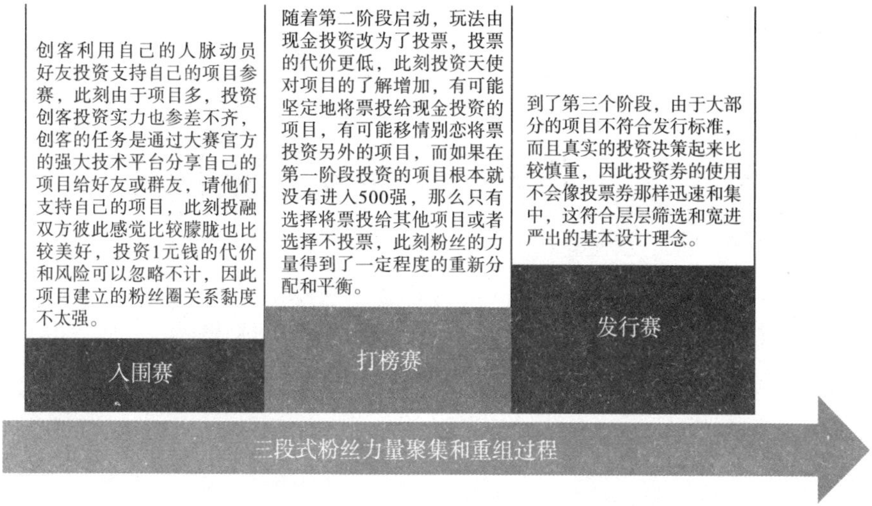

入围赛	打榜赛	发行赛
创客利用自己的人脉动员好友投资支持自己的项目参赛，此刻由于项目多，投资创客投资实力也参差不齐，创客的任务是通过大赛官方的强大技术平台分享自己的项目给好友或群友，请他们支持自己的项目，此刻投融双方彼此感觉比较朦胧也比较美好，投资1元钱的代价和风险可以忽略不计，因此项目建立的粉丝圈关系黏度不太强。	随着第二阶段启动，玩法由现金投资改为了投票，投票的代价更低，此刻投资天使对项目的了解增加，有可能坚定地将票投给现金投资的项目，有可能移情别恋将票投资另外的项目，而如果在第一阶段投资的项目根本就没有进入500强，那么只有选择将票投给其他项目或者选择不投票，此刻粉丝的力量得到了一定程度的重新分配和平衡。	到了第三个阶段，由于大部分的项目不符合发行标准，而且真实的投资决策起来比较慎重，因此投资券的使用不会像投票券那样迅速和集中，这符合层层筛选和宽进严出的基本设计理念。

三段式粉丝力量聚集和重组过程 →

图5-8　世界众筹大赛三段赛制的粉丝聚合重组图

投资人和项目的关系，伴随不断的竞争淘汰也发生相应不同的改变，这是整个赛制与众不同又非常有趣的地方。

第三节 发行赛，守着最后的风险

众筹大赛给举办者带来了名声，同时也伴随着巨大的争议。

从严谨的行业者角度上看，最大的问题，就是对风险的控制。这种零门槛的机制，希望无限广众参与的规模，某些项目的过度宣传和不实承诺带来的后果，这一切最终由谁来买单呢？

这是一个巨大的但必须要解决的矛盾，矛盾的核心在于：如何最大限度地给参与者自由的同时又能限制他们的自由。

很明显，给予自由，是为了让信息更快速、更大范围地传播，这会让众筹大赛的效应达到令人惊叹的结果。但自由又会产生很多浑水摸鱼的漏洞。最终，大赛在最高决策者们彻夜不休的激辩和碰撞中产生了限制性的规则。这些规则让疯狂启动的项目限制在一定跑道当中，使得这次大赛能在极速中冲过终点而不是半路翻车。

规则一：1.8万元上限

除了技术手段，回归众筹本身，众筹的"众"就是风险控制的方式。1万元如果由一个投资者支付，那可以认为是一笔可观的成本，如果1万元由1万人来承担成本，那每个人只需支付1元钱。从客观意义上说，1元钱的损失，可以忽略不计。1元钱的风险，对于个人来说，也可以忽略不计。

因此，众筹控制风险本身，应该回归众筹"人多""钱少""好玩"的三大特性上去。参与者基数一旦放大，单笔投资额度就会降低，风险就能控制在"红线"之内。

项目 1632	已筹入场券金额（元）¥16,557,073.02	会员 301380	创客 781	投资天使 78628	形象天使 119	推广天使 13933	领筹天使 101	经纪天使 446

区间	投资额（元）	投资人数（人）	投资额占比
1	46699	46699	0.28%
>1<10	256840	36382	1.54%
>10<100	1308419	21545	7.87%
>100<1000	3983607	8731	23.95%
>1000<10000	11035735	2623	66.36%
总计金额	16631300		100.00%

图 5-9　世界众筹大赛大数据[①]

从图 5-9 的大数据中可以看出，本次大赛的绝对多数投资区间在 1~100 元间。众筹大赛的机制完全秉持了"人多""钱少""好玩"的原则，而且在入围赛阶段，给项目众筹额度做了 1.8 万元的封顶上线。即一个项目无论实际准备筹资多少，或者具备多强的筹资能力，达到 1.8 万元即达到满标状态。

但是达到 1.8 万以后，投资人还可以继续给项目支持吗？根据普遍的众筹规则，是可以的。那么超出部分的风控是怎么完成的呢？

规则二：发行赛终极风控

大赛的支持机制是 1 变 3，无论前两轮赛制吸引多少投资支持和投票支持，最终的筹资活动是在第三段的发行赛实现的。好项目经过前两轮的群众基础积

---

① 数据来自贵阳世界众筹大赛内部资料。

累，在最后阶段赢得投资人的信任。

因此，即使前面两轮在1.8万元的指导封顶线严重超出的情况下（很多项目募集了几十万几百万支持），他们最终想要筹集资金还是需要经过发行赛这最后一道风控。

一个进入发行赛的项目，它所需要提供的众筹资料列表为：

（1）项目方证件资料（企业的基本证照）；

（2）项目方众筹融资发起决议；

（3）项目融资方案或众筹方案、众筹产品注册表；

（4）融资计划书或商业计划书；

（5）众筹产品发行公告；

（6）律师事务所尽调报告；

（7）领筹人尽调报告；

（8）财务审计报告；

（9）领筹天使资料（推荐服务协议、推荐意见书）；

（10）项目方真实性承诺函；

（11）项目方履约保函；

（12）领筹天使推荐意见书、承诺函；

（13）领筹天使单方履约保函；

（14）投后管理方案。

共14个资料列表，表明众筹走到最后的风险防控，还是比较"重成本"的。如果这些"重成本"一开始就让项目承担，应该说很多小微企业和独立创客是不愿意或不想承担的。通过三轮竞争淘汰，投资人买单成果出来后，再让项目支出增信成本，这些对众筹成功颇有把握的项目则会顺其自然地接受。

当然，上面14个项目列表，并不是所有走到发行赛的项目都必备的，在大赛官方网站上，项目方提供资料的条目任何注册用户都可直接下载查看，未提供资料的条目，则在该条目后方红色表明"未提供"。

应该说，目前的众筹市场并没有形成一整套公认的行之有效的风险规避方法，关于风控这个话题，也将在第八章做重点讨论。对于众筹大赛，由于是领筹系全过程策划和运营，因此在风控上仍旧带着交易所的特质，即传统金融中对第三方增信功能的依赖，这在很大程度上为众筹金融化作了强防火墙，但也使得项目众筹在实际运行当中风控偏"重"，不利于创新和创业，对于一些没有经过专业金融方面训练的企业来说，更表现为众多的不适应性。

总之，众筹和互联网金融的风控都是一个漫长的话题，伴随阶段、模式及监管政策的不同，会出现不同的体系和方法，很多情况下，市场疯狂扩展的背后，是风险的失控；而有的时候，市场并没有疯狂到令人震撼的程度，是因为背后关键处的刹车。

最终，世界众筹大赛100强项目中，共63个项目真实进入发行赛决赛阶段，16个项目发行成功，共募资资金11169270元。

第四节 大赛和众筹的外向型性格

世界众筹大赛堪称众筹世界的奥运会，也是众筹界的海选秀。这种竞赛制的众筹与一般众筹平台的区别在哪里呢？如表 5-1：

表 5-1　世界众筹大赛与传统平台功能对比

创客诉求	大赛平台	传统平台
拿到大奖	有	无
在大赛平台上发行实际融到资金	有	有
通过大赛平台的背书效应间接融到资金	有	有（弱）
在大赛过程中锻造和使自己的项目走向发行	有	无
交到朋友，拓展业务合作伙伴	有	有（弱）
获得宣传机会	有	有
获得学习机会	有	无
基础理财（众筹宝）	已计划	无
更加角色 领筹天使、推广天使、经纪天使、形象天使	有	无

同时，大赛具备了众筹、社交、赛制三种要素，这使得大赛像游戏一样好玩。越适应互联网社交属性的创客或者项目，就越能在其中获益。开放、主动传播和建立联系，是互联网应用的提点。在这样的环境当中，任何一个参与

者，都被鼓动去主动展示、宣传和社交。

正如罗永浩在其公众账号发布的一篇采访实录所说，这是一个被外向型性格统治的社会。外向型的人或企业，总能够在市场竞争中获得优势，而内向保守的人或企业，则要吃亏一些（低调的企业可能财务状况很好，可是市值管理却总落在那些会讲故事的企业后面）。

比如，在入围赛排名第一的众筹项目，共得到了3040个投资天使的支持，有221个推广天使为这个项目做推广宣传，最终在打榜赛阶段，这个项目成功获得了超过1400人投出的2166538票。成功的项目，通常情况下就是主动社交的典型。这样的成绩背后除了线上的强力营销推广，还伴随着线下数场精准的路演推介活动。

而对于另外一些创客来说，以为参加众筹大赛或者进行项目上线，就自然有人支持的想法，则过于梦幻。事实上在本次大赛中，我们也看到很多创客众筹项目石沉大海的情况。

比如在入围赛当中，有两个项目的筹集金额为0，有12个项目筹集金额在100元以下。显然，项目发起的创客们并没有明确他们的角色，或者说他们也没想好自己此行的目的，不过是来碰运气而已。

因此，对于所有的众筹行为来说，平台和项目方都担负着不同的使命。

所有的平台，包括大赛在内，首先提供的产品是服务，而经过互联网技术的优化，他们致力于提供更高效、更体贴、更人性化的服务，这些服务通常就代表着市场需求。而建立这些服务模型的基础核心是平台的品牌价值。在平台需要的时候，他们乐意集中专业优势帮助某些项目做完善、做宣传、讲故事，但他们更需要的是平台本身广泛众多的标准化的服务，因此平台提供给项目的服务，更多时候是标准化的、均一的。

而项目想要在众筹过程中脱颖而出，必须学会各种"表演"以及"技巧"。项目需要站在自我营销的位置，量身定做自己的众筹传播需求。

众筹大赛的整个赛制，就是平台给创客搭好舞台，让他们前来表演的过程，这就像《我是歌手》给予那些参赛者们的舞台一样。事实上，众筹项目需要积极自我营销这一规则对于一般众筹平台同样适用。比如京东众筹，依托京东巨流量入口这一先天优势，让走向这个平台的项目更容易成功，但从容易成功到最终成功，仍旧需要项目方穷尽各种努力。

2015年，90后北京青年创业代表张天一率队"伏牛堂"上线京东众筹，这是一款伏牛堂包袱牛肉粉的产品众筹。对于擅长和侧重3C产品众筹的京东来说，一开始它并没有把"伏牛堂"的包袱牛肉粉众筹摆放在重要的位置（尽管老板是小有名气的创业明星）。"伏牛堂"很快发现了这个问题，意识到"我们很难获得京东的页面流量，众筹项目有可能夭折"。在这样前途堪忧的情况下，"伏牛堂"想到了一个很棒的营销点——"万人快闪社群众筹"，玩法是在众筹档位中专门为社群成员准备了一个支持霸蛮社团1元钱的档位，该档位没有任何实质性的回报，在档位描述中用直白的语言写着："嘿，霸蛮社的兄弟们，这里就是万人快闪众筹的专用档，欢迎为我们聚集人气，共同见证这场伟大的社群众筹实验！您将获得京东众筹定制版感谢函一封。"

接着，他们动员了品牌的粉丝团体，也就是霸蛮社的社员，号召大家支持1元钱，很快就迎来了社员们的正面响应，当天就有近8000人付1元钱履行了对这个项目而言非常重要的支持。

这样做的后果是，这款包袱牛肉粉在支持金额不大、上线时间很短的情况下一跃变成京东众筹上最热门的项目，并快速被顶上了热门项目排行榜，由此打开良性循环模式：位置越好，项目越热；项目越热，位置越好。

这个案例对所有平台来说都是很现实的问题，平台再强大，流量分配到单个项目身上时，便不强大了。如果项目没有好的自我营销和社交推广策略，再大的平台也不能帮项目自动成功。

根据"伏牛堂"公布的数据可知，在他们的众筹总流量中，品牌自己带来的流量和平台流量，基本可以对半平分。好的项目和好的平台，通常也是在这样的自觉互动中，互相成就对方的。

所以，无论人们对众筹描述得多么天花乱坠，经济的本质规律都未曾改变，人们要为成功付出的努力也未曾改变。

▎脑洞区：互联网时代哪个"O"更重要

几乎所有的互联网＋关联产业形态都在聊O2O，包括世界众筹大赛，O2O互动也是大卖点。在股市当中，有专门的O2O概念股。在过去的两年中，风投最喜欢谈的项目和市场风投最劲的项目，都集中在这个领域中。

比如互联网打车合并了的滴滴、快的，比如互联网团购合并了的美团、大众点评，比如互联网生鲜易果、爱鲜蜂，再比如已经上市的互联网租车神州，互联网美甲、大厨、按摩等，它们很好地代表了这几年O2O概念的无限风光。

而且仿佛就在瞬息间，原本只玩线上、大搞烧钱的在线旅游公司们，最近半年都陆续开始扫荡线下。

携程拿下了众信，去哪儿宣布要开启"酒店服务年"，这时同程分别在泰国、日本成立了合资公司并收购了三家旅行社，途牛要扩大线下人力去直采资源，驴妈妈要在2016年拥有100家分子公司和2000家门店。

汽车后市场，典典养车做起了DCCP（Direct Control Chain Project），即直控连锁加盟计划门店，e保养搞起了直营的线下汽车服务中心；二手车市场车猫做起了车猫平台认证合伙人的加盟模式；电商也在"疯狂拥抱"实体，京东入股永辉、互联网品牌"三只松鼠"开始线下开店；淘品牌茵蔓也开始力推线下体验店，连亚马逊都在西雅图开实体书店啦。

Offline突然变得如此重要，市场还对此起了一个新的名词，叫作"线下场景消费"。不管怎样，对于Online和Offline这两个O来说，到底哪个更重要呢？某媒体写过一篇关于美团和大众点评并购的评论文章，段落大意是诞生于上海具备优雅基因的大众点评最终在并购后被更善于"在地上吃土"的美团洗牌，拥有更强大的线下销售能力和市场管理能力，是导致上述结果的直接原因。

虽然这只是个个案，但就整个O2O创业的生态来看，核心壁垒可能是线下作业能力，也可能是募资能力（是否能找到腾讯、阿里之类的大投资靠山撑腰），唯一不会成为壁垒的就是互联网技术。

因为目前中国O2O创业的生态，仍旧是以模仿国外业态为主，无论技术还是产业模型都没有独创优势，除了考验资方实力，决定企业是否能一步登天的只有线下作业能力。

众筹平台也一样，虽然众筹本身是互联网金融创新的代表，但现阶段并没有任何一个市场可以离开线下，单独在线上完成所有众筹支撑，尤其是金融领域的众筹更不可能。电商依靠多年品牌经营和市场拓展，可以单独完成产品类的线上众筹，因为对于他们来说这就是预售某个产品。而金融性质的众筹如股权众筹，却不是线上流量能解决得了的问题。

因此，无论哪个平台，拼完线上还要拼线下，而现阶段更重要的则是线下功夫。

表5-2　京东与领筹系O2O众筹布局

平台	Online	Offline
京东	PC端/手机端皆做开发；在京东金融APP中有单独众筹板块；有独立的京东众筹微信账号，可一键众筹；建立和运营数量众多的微信群	京东与3W咖啡合作，经常在周末进行项目线下路演活动和相关主题活动，座无虚席
领筹系	PC端/手机端皆做开发；有独立的领筹微信账号，可一键注册、登录、众筹、推荐等；建立和运营数量众多的微信群	全年接近百场线下活动；在各地建有分支机构和合作单位（拥有78个行业的产业领筹人），不定期举行主题活动及项目路演；2015年始，每年举办世界众筹大赛

可见，诞生于互联网的众筹平台都极为重视线下市场的开发和推动，虽然方式各有不同，但却是公认的推进平台向前发展的重要抓手。

业内专门以众筹投资店铺闻名的人人投，号称在全国200个城市拥有合作机构，基本上将地方原有的财务公司、小贷公司之类收归囊中。一个项目上线，全国200个分支机构开售，往往能创造上线秒杀的效果。

世界众筹大赛的举办，同样在开赛前和赛中做了大量的线下工作，包括前期多城市站点举办各赛区的推介和宣传活动，从东北哈尔滨到武汉、重庆、成都，再到中国硒都恩施、美食之都广州，创新之都深圳，金融之都北京、上海等多站地进行线下选拔赛，以这样的线下耕作努力，换来全国（包括港澳台）32个地区的项目参赛支持。

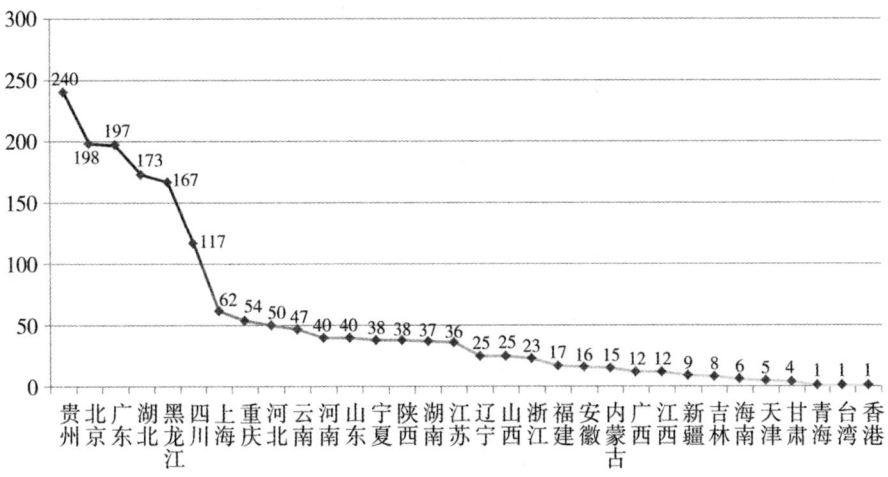

图 5-10　世界众筹大赛项目区域分布图[①]

因此，无论是互联网众筹，还是互联网＋，O2O 的 Offline 能力代表了企业的市场能力。但这并不就是说，O2O 永远的竞争要点都在 Offline，恰恰相反，从长远角度看，特别是从互联网金融的长远角度看，O2O 的最终竞争核心

---

① 来自贵阳世界众筹大赛内部资料。

仍旧是线上。而线上竞争时代的到来，依托于基于大数据风控和征信系统的打通和使用，这一天必会来临，到时将是真正的互联网金融时代。

现在，大家还是多练练"在泥里吃土"的本事，扎实做好市场，活到春暖花开的那一刻。

第六章 伫立交易所之巅

贵阳众筹金融交易所,是中国,也是世界第一个以众筹为交易主题的交易所。当《解放众筹》在畅想众筹的交易形态时,2015年,贵阳众筹交易所就荣耀诞生了。

如果说金融是所有经济形态的顶级段位,那么交易所就是金融中的顶级段位。对于在中国刚刚规模化发展起来的众筹来说,交易所将在其中扮演什么角色,承担什么职责?这是本章将要探讨的话题。

第一节 众筹金融交易架构大师

创立中国特许经营学科和第一所特许经营学院的刘文献院长，在2010年创立中国第一个特许经营权交易所，五年之后2015年的5月，贵阳众筹金融交易所在万众瞩目中上线，首日交易金额虽然只有710万元，但仍旧被媒体定义为众筹新时代的开端。刘文献院长也因此，被称为众筹金融的交易架构大师。

市场经济下，任何资产都应该在市场上进行价值确认，并自由流通，包括传统金融资产和现代互联网金融资产。贵阳众筹金融交易所根据众筹生态体系制定了五大业务板块，分别是：非公开股权融资、债权众筹、收益权众筹、实物众筹和公益众筹，其中收益权众筹是领筹系的特色板块。

表6-1 贵阳众筹金融交易所五大板块属性

板块名称	属性
非公开股权融资	金融
债券众筹（P2P）	金融
收益权众筹	金融
实物众筹（产品众筹）	非金融
公益众筹	非金融

对比一般的众筹平台，交易所体系的优势非常明确：

（1）监管到位。在众筹，尤其是金融类众筹的监管机构、监管法规、监管方式还含糊其辞的时候，交易所体系作为一个成熟体系，拥有明确的监管机构，从中央到地方，层级和机制都很分明，也拥有相对成熟的监管制度。

（2）政府公信力背书。金融的核心是信用，交易所作为政府审批的机构，尤其是贵阳众筹金融交易所，还是贵阳政府主力打造的两张城市名片之一（另一张是贵阳大数据金融交易所），其诞生之日就自带政府公信力背书的光环，拥有很强的市场说服力。

（3）资金监管到位。由于市场上散布着百张以上的互联网支付牌照，导致很多众筹平台的资金结算没有高规格的监管；成长中的互联网金融支付公司，也一时无法承担高度金融纪律性的资金监管，这是导致很多互联网金融公司资金出现挪用等严重违规问题的重要原因。

贵阳众筹金融交易所根据国家监管要求，必须与银行建立第三方存管和结算体系，因此普通众筹平台在这一点上很难与交易所同日而语。目前贵阳众筹所的结算银行是平安银行和贵阳银行。

（4）依托专业机构。交易所的众筹模型设置与一般的众筹平台存在很大区别，大量第三方机构的引入，是其交易所架构和专业水准的重要体现。

传统众筹平台或以投资机构或以项目为中心的运营模式，被交易所的领筹人＋第三方机构模式所取代。在贵阳众筹金融交易所，建立了以产业领筹人为核心的，包括顾问服务商、交易商和经纪商在内的会员体系。其中领筹人制度是一项重要的创新，产业领筹和机构领投的优劣分析在第三章已经进行了讨论。

领筹人之外，顾问服务商为专业的金融咨询服务机构，可以为中小微企业提供众筹方案设计、咨询顾问、尽职调查、财务审计、上市辅导等专业服务。交易商主要是专业的投资机构，拥有专业的投资团队和融资渠道，可以为融资项目提供专业的路演推广、渠道开发等服务。经纪商主要负责经纪商的管理，为融资项目进行线下推广、投资咨询等服务。这些都是机构会员，在项目众筹过程中，承担相应的专业职能。经过半年多的发展，众筹交易所共开发领筹人会员78家、交易商7家、顾问服务商6家、经纪商1家、经纪人300余人。

在2015年，整个世界众筹大赛期间，最终的发行赛完全由交易所来进行项目把关，惠民谷、纳奇环保等100强项目，共63个项目真实进入发行赛决赛阶段，16个项目发行成功，共募资资金11169270元[①]。

（5）风控级别高。前面4点都间接说明了交易所体系的风险控制系统，除此以外，交易所建设了众筹金融学院，专事交易所众筹体系的普及和投资者适当性教育。

当然，更为重要的是，贵阳众筹所依托贵阳大数据之谷的优势，目前正在着力开发基于大数据的风险控制模型，这是互联网金融的真正未来。

（6）注重多层次市场的建设。交易所本身就是多层次金融市场的体现，比如通常的说法是，主板上海证券交易所和深圳证券交易所是中国一板市场。创业板，是二板市场。新三板，是三板市场。全国各地的股权交易中心，为四板市场。贵阳众筹金融交易所，是五板市场。

各板的市场定位和最终特点也各有不同，如表6-2：

表6-2　中国资本市场各板块市场特点

板块市场	板块特点
主板	知名的成熟大企业，具备良好业绩和存续性，回报稳定；是风险规避者或者风险中立者热衷的市场（此点并不适用2015年中国股市千点大溃败）
创业板	中小型、高成长企业，注重企业的成长性和盈利性；具备高风险、高回报、企业规模偏小的特征

---

① 数据来自贵阳世界众筹大赛公开数据。

续表

板块市场	板块特点
新三板	为创新型、创业型、成长型中小微企业提供服务；有很大的孵化扶持意图，对企业财务状况没有盈利要求
四板	各地政府直属管理的股权交易中心，服务地方优质企业；但企业成色和交易能力皆心有余而力不足
五板（众筹所）	以互联网金融为工具，主要服务创新型和创业型企业；具备高风险和高回报特征，关注度高，市场热

作为五板代表的贵阳众筹金融交易所，在自身业务板块中也进行了市场的分级。因为市场是复杂的，对众筹所代表的新金融怀抱巨大热情的创新型和创业型项目，对金融市场的认知程度和本身的企业品质参差不齐，差别很大。因此，交易所希望通过分级处理，完成市场的培育期到繁荣期的过度。

目前众筹所市场初具三层分级模型，如表6-3：

表6-3　贵阳众筹金融交易所三板块设定

市场	名称	定位和特点
F1板	梦想众筹板	为创业创新型中小微企业提供一个线上展示和报价的平台
F2板	创业众筹板	为创业型非股份制中小企业提供一个线上展示和融资的平台
F3板	创新众筹板	为创新型股份制中小企业提供一个线上展示和融资的平台

在过去的2015年，众筹所重点推进了梦想众筹板的发展，截至2016年1月底，通过各会员机构推荐，成功在交易所挂牌企业40家。2016年，这个数据将会迎来几何级增长。

同时伴随市场的成熟，众筹交易所的业务中心，将由给梦想以展示的平台，转变为交易的平台。这不仅需要众筹作为一个独立产业的成熟，还需要配置产业链上下游的资源，以及政府足够接地气的政策。

目前，贵阳众筹金融交易所架构了一个以众筹金融交易所为核心，包括众筹金融协会、众筹金融学院、众筹金融研究院、领筹金融基金、众筹金融小镇和200个领筹人行业垂直众筹平台在内，专业、完备的众筹金融生态体系。这个体系，不但成为领筹系的众筹体系，也为中国整个众筹生态发展，配备了相应的产业资源。

第二节 交易所的核心价值

定价、交易是全世界交易所的核心价值所在。定价促进了交易,而交易完成了定价。

交易所的定价职能

为什么要强调交易所的定价职能呢?

因为众筹市场针对的企业,多是一些早期处于初创或发展中企业,甚至有的企业干脆在创造一个新的经济形态,这些企业融资过程中最纠结的事情就是定价。企业到底是应该估值500万还是5亿?尤其是面对如今资本市场的浮夸作风,动辄估值上10亿的背后,是出于宣传需要的几倍起步放大,这几乎成为行业潜规则,让很多外行人雾里看花的同时,也让同行人的价值定位产生了微妙的不真实而真实的变化。

2015年9月,随着腾讯科技《创业公司融资造假调查》一文出炉,"创业者融资造假"的话题持续发酵。

腾讯科技报道称其采访的创业者承认,"80%以上的创业公司都会虚报融资,人民币变美元,融资金额乘以3倍5倍太平常,甚至乘以10倍的都大有人在,而把根据业绩情况分阶段到位的投资变成一次性融资更是普遍做法。"而多位投资圈人士则向腾讯科技声称,国内科技公司中实际融资额能达到1亿美元以上的少之又少，A 轮融资真达到 1 亿人民币的公司 2015 年也很难超过 15 家。

真格基金创始人徐小平将融资造假描述为"行业内的一种新默契"。"中国商业文明真要达到实话实说、形成人人恪守的底线，还得要若干年。"在保密协议的保护伞下，查证创业公司造假非常困难。

在这样的大环境之下，创业者、机构、媒体裹挟其中，将吹大的企业估值当作事实宣布，市场真假难辨，所有浮出水面的定价也都是泡沫吹起来的数值，能具备参考价值已实属不错。

市场如此，谁来给众筹中的企业估值进行定价？事实上，谁都不能，只有市场本身。

本书多次提到的奇虎 360 众筹平台自创的"远期定价"模式，就是想用时间和空间对冲的方式，给定价以相对合理公平的裁夺方法，这固然比拍脑门和一次定价科学了很多，但仍旧不能体现市场经济的本质。

市场经济本质就是市场自有一只看不见的手，这只手代表了涵盖一切的市场规律，在规律之下，通过自有的交易，每一种商品被确认合适的价格。交易本身，即创造价格。

大概在 2012 年前后，中国资产证券化通过各种交易所如火如荼展开的时候，各种商品尤其是某些高价商品被送上交易市场，比如某些红酒，这样做体现了企业的强烈诉求之一，即是给高定价以市场认同。人们认为，交易所的交易价格，即是对产品的市场定价。

虽然对上述投机取巧的做法不能认同，但也从侧面说明交易所确实存在的定价功能。这种功能，并不是某些专家或产业龙头自以为是的价格制定策略，而是一个产品在交易市场中，通过买方和卖方的不断博弈，最终达成的一个双方都可以接受的价格。这个价格的出现，即代表为这个价格买单的市场存在，同时，这个价格也不会一成不变。

因此，众筹交易所的定价职能，可以很好地帮助困扰市场定价混乱的问题，尤其是中国的股权性质众筹，可能一个企业，在不同平台上的融资定价差别很大，而这些平台又不具备市场交易属性，一次有差错的定价，往往决定了这个企业在某一时间段内的价格，这会让一部分好企业在市值管理中处于下风。

众筹所的出现及伴随体系的逐步完善，将会成为中国股权定价的场外市场，也就是五板市场，从市场促进和公平角度出发，对企业都是好事。

交易所的交易职能

交易除了实现定价以外，更主要也更迫切的功能，是为中国发展了 2 年以上的众筹市场提供合理科学的退出通道。

为什么众筹市场需要一个退出通道？

很简单，中国基于机构投资建立起来的众筹模型，退出区间在 2~5 年，很少有众筹项目能实现随进随出。而且受限于《中华人民共和国公司法》对股东的限制，众筹项目股东不可能突破 200 个。也就是说，众筹项目背后面临的眼前问题是退出周期长和退出方式单一。即使股东间想要相互交易，也会因为股东基数不够大而难以成行。况且并没有这样的交易机制和平台提供这种服务。

而 2016 年以后，首批大规模众筹市场发酵后的产物——众筹退出期即将来临，而约定的退出条件却未必能够兑现。相反，很多众筹项目都遇到了兑付危机。通常在这个时候，就是媒体的负面报道和漫长而无结果的"散户维权"辛酸史。

众筹前端的精彩，整个市场都看到了，并为之侧目。众筹后端的纠纷，冰山才刚刚露出一角。在这个时候，市场就需要众筹所这样的二级交易市场出现。

二级交易市场的职能，就是让投资人自由进出。无论是股权众筹、收益权众筹还是债券众筹，理论上投资者都可以将认筹的标的物通过交易系统进行交易。如果标的物市场价值趋升，则价格上涨，反之下降。即使是那些中途夭折的项目，也可以进行市场定价和交易。就像我们小区的垃圾也有回收市场，只不过是价格高低而已。

所以说，建立一个众筹体系的二级交易市场，就可以给众筹提供多元的合理定价的退出通道。这也有利于吸引更多的资本进入该区域。暗箱操作一旦变成公平市场交易，将会有效提升这个市场的效率，企业和资本都会从中受益。

当然，这样一个市场的出现，也需要相应政府政策的大力支持。特别是目前对于三板以外的市场，在交易规则和交易主体上的限制，使得这种繁荣市场到来的时间拉得更长。

交易所是直接融资核心载体

人们都知道，直接融资有利于分散融资风险，能有效地避免风险向金融系统集中，从而降低金融系统性风险。从国外的经验看，在间接融资为主的金融体系中，一旦经济实体发生严重问题，就会导致大量银行坏账，金融体系的脆弱性往往将经济拖入长期不振的境地。当前，中国的融资结构仍以间接融资为主，直接融资比例还较低。

这也就是某些专家痛心疾首的地方，中国资本市场比较"重"，企业融资对银行的依赖远高于证券市场，对抵押贷款的依赖远高于股权融资。因此在新经济转型时期，政府强烈倾向于发展直接融资市场，互联网金融双生花中的P2P和众筹，众筹更具备直接融资的气质。P2P虽然也在大刀阔斧地进行信用借贷（能从银行信用卡潜在客户流到互联网上的信用客户，其品质已经无法控制），但主要市场支撑还是来自企业资产端质押的借贷，中国刚刚起步的信用市场尚在雏形期，根本无力肩负重任。

众筹则不同，特别是股权性质的众筹，众筹的标的是企业的股份，股份不但承担分红的权利，也有风险共担的义务。有这样的融资模式，加之交易所定价能力、完备监管风控体系和二级市场交易，这简直就是为中国创业和创新市场准备好的孵化机制。

第三节 让资本市场回流的股权众筹 3.5 板

虽然按照传统资本市场排序，贵阳众筹金融交易所应属第五板。但是鉴于中国新三板的现状，使众筹所萌生了 3.5 板的壮志。

新三板的现状是什么呢？

流动性很差，二级市场产生大量僵尸企业，但一级市场仍旧异常火爆。借用某财经评论专家的说法，即为"假大空"。

其中"大"，是指新三板目前规模求大。现在 6200 多家，挂牌热情高，门槛低，政府补贴，三板短时间内规模远远超越主板＋创业板总和。"假"是什么概念？假就是定价假，波动从十几元到上万元，非常夸张。"空"则指没有流动性，太多股票是僵尸化状态。所以就出现一个问题，一方面中国是流动性最过剩的国家，主板创业板都是泡沫化的市场；另外一方面我们的新三板基本上是僵尸化生存。

目前，新三板市场 80% 的流动性集中在 4% 的股票上，即 200 多家三板公司拥有 80% 的交易量。其实市场已经给企业分过一次层了，所以最近专家们呼吁的市场分层管理，如果最终执行，可能效果也微乎其微。

普遍观点认为，新三板二级市场僵尸的原因是该市场匮乏散户。中国证券市场是一个规模庞大的散户市场。有数据显示，经过去年（2015 年）的股灾，这个市场活下来的大概还有 6400 万有成交量的散户，6400 万中间，资金在 50 万以下的占 95%，他们只占整个市值的 11%，但每天的交易却最为活跃。这么多散户支撑住了沪深两个主板，跟新三板形成巨大的反差。

所以各种专家呼吁降低投资者门槛，放散户入场，以活跃交易。然而中国设立的每个资本市场都有其独特使命，像新三板，其使命就是在主板创业板已经非常泡沫化的情况下，探索注册制，试图建立一个更加科学合理符合价值投资的市场。虽然面临流动性之痛，但在经历去年股市大溃败之后，今年也叫停了战新板，注册制被无限延后，新三板不可能出现巨大动作去抢流原本薄弱的主板市场。

尽管如此，为何企业仍旧以十分的热情对待新三板挂牌一事呢？原因也很明显：首先，新三板挂牌之后，会有快速融资的可能性，即使没能融资二级市场，交易有价无市，至少完成了企业登陆资本市场的第一步，对一般企业来说是重要的金融背书，有利于这些企业从其他渠道如PE完成融资；其次，现在的新三板虽然交易量差，但不代表未来，企业在这个平台上进行了作为公众公司的各种训练，也为将来转板打下基础；最后，政府在财务上的大力支持，为新三板企业提供财政上的上市补贴，使得很多企业大大降低了上市成本，个别政府补贴程度甚至完全覆盖成本，使新三板挂牌变成"何乐而不为"的事情。

对比新三板，要做3.5板的众筹所优劣如何呢？

应该说，它们非常相似。

新三板流动性不足的问题也会在众筹所身上重现，这是政策所决定的。新三板受制于散户匮乏，而众筹所受限于交易标的物拆分限制，如股权，最多200份，显然最终结果就是每份定价很高，对于活跃市场的小散们来说，这显然并不适合投机和炒作。流动性不足，就会带来系列连锁反应，包括上文提到的定价问题。

但另一方面，众筹所又跟新三板一样，同样对企业产生强烈的吸引力，原因是企业在众筹所上市是一种信用背书，有助于他们更快从传统资本市场获得成功。像表6-4所展示的这些企业，他们通过参加世界众筹大赛或众筹所挂牌，最终在场外获得了更高的投资金额。

表6-4 世界众筹大赛部分项目场外融资数据[①]

项目投资（意向投资）情况	
项目名称	投资金额（元）
"惠明谷""魔王""苹果妹妹""苗药""梦唐科技"等项目	7000万
"露脸"项目	1亿
北京绩优堂教育科技有限公司项目	1亿
黑龙江展团中的"哈工大机器集团""俄罗斯油画网O2O销售平台""食品脱毒机""恒电防雷""玉米剥皮机""沙米中国"等12个项目	5.8亿
"美人计"项目	1000万~1500万

即使如此，众筹所如何定位自己的市场和职责呢？首先当然是服务双创，为那些还没有上新三板的企业做好初始的服务，但这并不意味着在发展模式上去借鉴新三板。新三板毕竟肩负国家使命——国家层级的信用背书和国家意志的财政补贴，贸然借鉴的结果一定是很惨烈的。

所以，众筹所拥有自己属于市场的想象空间，或许未来，不仅是3.5板市场，而是成为中国资本市场一枝独秀的新金融市场。或许，应当借鉴下纳斯达克的经验——做最具成长性的细分市场。

虽然众筹所目前拥有78个产业领域的领筹人，但很明显，中国经济转型时期那些最具时代发展红利的企业并不平均分布在这些产业当中，互联网＋领域、体育娱乐领域、电影文化领域、旅游露营领域、游戏动漫领域、虚拟现实领域、人工智能领域、新能源领域等，被大多数人看作是中国新经济的引擎和代表未来的新技术方向。

---

① 数据来自贵阳世界众筹大赛内部资料。

当年纳斯达克的崛起，靠的正是对科技类型公司细分市场的深耕。直到今天，纳斯纳克仍旧吸引着全球最优秀的互联网类和新技术新科技类公司前去敲钟，而该领域的投资者也聚集在这个市场当中，微软、苹果、脸书、中国的网易、新浪、搜狐、携程、58同城、去哪儿等。交易所的自我定位和品牌树立之路，需要有明确的产业方向。众筹市场固然火爆，对高成长、高回报领域的发掘，却更有价值。

新三板式的海量规模之路，并非众筹所首选。细分领域深耕，筹出明星企业，未来2~3年内，孵化新领域的领军者或者上市公司，会让众筹所在这个领域内独领风骚。

以影视文化领域为例，这是一个出过很多众筹大案例的领域，比如阿里和百度千年的娱乐众筹，都在电影行业大有作为，只是投资电影的票房都不理想。2016年制造又一轮娱乐焦点的《叶问3》，除去这些运气不佳和玩火自焚的项目，也有《大圣归来》众筹超300%的出众成绩。可以说，这个领域对众筹的接受度非常高。

同时，上市公司年报告诉我们，影视文化就是市场大爆发的行业。2015年，华谊兄弟（300027）、光线传媒（300251）、华录百纳（300291）、新文化（300336）、万达院线（002739）、乐视网（300104）、奥飞动漫（002292）等影视制作、院线公司相继发布2015年年度业绩快报或年度报告，业绩均呈现增长态势。

涨幅居首的新文化的年度报告显示，公司2015年1~12月实现营业收入10.26亿元，同比增长65.31%；归属于上市公司股东的净利润2.48亿元，同比增长104.52%。值得一提的是，新文化还是《美人鱼》的出品方之一，想必其2016年的营业收入只会有增无减。

那些没有上市的企业，很多公司都伴随着某部电影的火爆，进入影视投资的第一梯队，比如《捉妖记》背后的一些抱着学习态度投资的公司，就在

2015年一步登天。

另外一个领域，比如旅游露营产业，2016年明显进入了爆发式增长周期。旅游露营产业也已经上升到国家战略层面，被写进李克强总理的政府工作报告当中，政府相关的旅游、体育等机构，都在用真金白银进行产业补贴。巨型投资机构在2015年年底2016年年初，纷纷投入该领域。众筹所该行业的领筹人——北京宋致露营，作为一个刚刚成立1年多的公司，在2016年年初就获得了3亿元的A轮融资。

需要说明的是，中国露营产业目前尚处于起步阶段，未来3~5年，将由目前的400家左右露营地发展到3000~5000个露营地，也会诞生该产业的龙头企业和上市公司。

中国经济转型和供给侧改革，给众筹所和整个众筹市场留下了掘金新经济的机会，这机会会在最大程度上吸引如今萎缩的主板金融市场实现资本回流。

脑洞区：众筹理想国猜想

2015年，剑桥大学、悉尼大学和清华大学三校联合发布了《亚太地区网络金融基准报告》，简单来说就是通过传统金融系统以外的互联网市场，来提供金融服务。

报告显示，以融资量计算，中国是世界上最大的网络替代金融市场，其规模在2015年达到了1017亿美元（约6387.9亿人民币），占亚太地区总融资量约99%。

也就是说，在亚洲地区，几乎所有的网络众筹、P2P借贷资金总量发生在中国。

近三年，这个市场在中国每年增速超过300%。

2013~2015年，中国大陆网络替代金融成交量从55.6亿美元增长到了

1016.9亿美元，每年增长率都超过300%。

但是如果对上述市场数据进行细分，恐怕80%的贡献都来自P2P。然而这并不能说明众筹是小众市场，相反众筹拥有更广大的想象空间，只是目前受到了政策法律等多方面的制约。比如股权众筹的200人问题，不但制约众筹本身，更严重制约众筹后续二级市场的交易退出。如果200人问题可以打破，中国将真正迎来中小企业及创新、创业型企业发展的春天，这也正是众筹理想国的最大猜想。

众筹理想国一：股权众筹200人问题

对此，监管层一度抛出极富诱惑力的"公募股权众筹"，让这个梦幻无比逼真。但根据流出的消息，这似乎只是众筹平台们的集体意淫。

早在2015年1月，证监会就"公募版股权众筹"的细则草案——《股权众筹融资试点管理办法》（以下简称《公募办法》），在小范围征集意见。据接近监管层的方案制定人士表示，最新的《公募办法》规定：单个项目的融资额度不能超过300万；要求参与项目的投资人年收入超过12万元，一年内投资总额不能超过年收入的10%，且要分散投资。《公募办法》没有明确提及公募版众筹能否突破200人的限制。即使如此，仍旧留下了想象空间。

此时，专家团们也有了很多支持市场创新的声音。

全国人大财经委副主任委员吴晓灵就明确表示："如果不突破200份，不打破合格投资人的限制，还是私募，只有打开200份的限制，降低投资人的门槛，才是真正的股权众筹。这样的众筹可以给小额投资人参与创业投资的机会，这需要立法给予确认。由于现在法律没有修改，所以突破这两个限制的都是违法的。美国做的股权众筹是有一个总额控制的，美国控制是100万美元，个人建议中国能够发起设立的公司控制在300万元，投资额度的限制，可支配资产的一定比例，或者是对绝对额和投资项目数目进行限制。"

股权众筹的理想国，是对200人终极限制的解放。在交易所的机制内，解放 200 人限制，意味着可以建立一个真正活跃的二级市场，将众筹回归"人多""钱少""好玩"的本质，同时具备投资和交易的价值。

众筹理想国二：收益权众筹地位确立

对于监管还处于模糊地带的收益权众筹，长期以来身份略显尴尬，虽然在众筹行业里拥有众多成功案例，但仍旧没有得到像股权众筹那样的地位。

股权众筹使得融资活动还捆绑在企业股权之上，收益权众筹是对企业股权的解放，这一点对成长型企业和财务稳定型优质企业都至关重要。

领筹金融系依托其众筹平台和众筹所体系，已经建立了基本的收益权众筹体系，并且得到了市场和政府的认可，甚至很多平台都在借鉴和模仿这一众筹模式，这证明了其存在的合理性和市场需求。

收益权的资产证券化，无论在国内还是国外，都是有迹可循的，因此众筹收益权和收益权的二级交易，在未来将被市场给予更高的认可，会成为与股权众筹并驾齐驱的众筹方式，两者在企业发展不同阶段互相补充，更有利于丰富企业的融资渠道和方式。

众筹理想三：众筹大交易市场

伴随股权众筹 200 人的突破，众筹二级市场将迎来爆发式的增长。更看好互联网金融创新能力的投资人，在众筹交易市场交易自己认筹的企业股份或收益权，并从中掘金成功，创造一批互联网金融投资大咖。

当然，达成这个效果的前提是以众筹所为代表的众筹市场在高成长的新经济领域树立了自己的品牌效应，帮助那些潜力产业完成婴儿期的融资，促进了行业的成长和孵化了一批上市公司。

也许 2016 年注册制的无限后延和战新板的删除，正给了众筹所崛起的机会。

第七章 "解放"与"众筹"

2016年,好像迎来了互联网金融事件年。

先是有2015年岁末,e租宝立案。

2016年伴随《叶问3》上映,"快鹿系"中枪。

接着,上海"中晋系"再爆系列问题。

2016年年初,北京、上海、深圳等地,都暂停了互联网金融公司的注册。这意味着,政府以及监管层明确表态抑制这个集创新与混乱为一体的爆发式增长市场。

社会舆论也分成两种有力的声音,但在一点上他们达成了共识,那就是市场需要正确的监管方式。可是怎样才算正确的监管,并没有人能给出答案。

事实上,中国的金融市场存在着两种极致现象——传统金融的垄断严重和新金融的监管缺失,使得在市场新旧对冲时期产生了无数投机和浑水摸鱼的机会,令互联网金融成了某些诈骗和不良行为的"背锅侠"。

众筹的前路,是解放还是铁笼?市场终将给出答案。

第一节 互联网金融 PK 金融互联网

根据相关数据统计，中国一直是全球互联网和移动互联网最发达的地区之一。在互联互通和网络化的时代，互联网和移动互联网已经逐渐变成基础设施，几乎所有的行业都开始或多或少地拥有了互联网属性。随着 2015 年年初李克强总理在"两会"上对"互联网＋"概念的提出，传统行业都在用这个概念进行产业整合，2015 年被定义为"互联网＋元年"。之后，互联网便对所有行业发起了颠覆式的冲击，在餐饮 O2O、旅行、租车、打车、二手车交易、教育、医疗以及金融等多个行业中颇有建树。

以打车行业为例，创立于 2012 年的滴滴和快的，在 2015 年合并以后，估值超过 160 亿美元，几乎对国内出行产业形成垄断。而伴随专车市场的进一步发展，有机构预计他们未来将会达到 4000 亿的市场规模。互联网技术的应用，生生在传统市场中挖掘出一个新产业，而原有的出租车业，就此沦为下游的服务提供者，客户进入端口被互联网公司收归囊中。

虽然，传统出租车业也曾奋起抵抗，很多地方爆发过示威乃至暴力事件，媒体也多次曝出黑车司机利用打车软件揽客行为。但所有这一切并没有妨碍互联网对整个出行产业的改造，消费者用自身的买单行为决定了市场的走向，这才是最现实的真理。

所以金融产业的互联网化同出租车行业并没有本质的区别。2016 年 3 月 29 日，零壹研究院与神仙有财联合发布《中国个人理财市场研究报告》称，截至 2015 年年底，全国个人理财的基本规模在 40 万亿~50 万亿元，其中互联网理财的市场规模已接近 2 万亿元，参与用户达到 2 亿~3 亿人。

市场需要更好的服务，而"更好"就包括更高效，不必由客户东奔西走上门排队；包括更智能，不必走很多程序填很多表格，一键搞定一切；更亲民，零散小额也不必再因无法成为大客户而懊恼……这些，传统金融虽然也在慢慢改善，但远远无法达到市场所需的程度。这就是为什么互联网金融能到传统金融世界攻城略地的原因，并非互联网金融天性好斗，而是本身传统金融习惯了躺着赚钱，而那样的时代显然已经结束啦。

互联网金融和金融互联网的话题从本书第一章就开始了，在这里做一个结束性的探讨。因为伴随着 2016 年 P2P 领域负面新闻越来越多，传统金融捍卫者们认为找到了击溃互联网金融的证据，政府"一刀切"的禁止注册行为使得行业亦噤若寒蝉。

事实上人们并不需要特别为互联网金融呐喊什么，所谓的左派和右派也没有什么好辩论的，无数前车之鉴已经告诉人类，历史的发展在某个进程当中呈现的状态就是混乱。但这并不代表历史否认了新事物，而是新事物自我完善的必经阶段。每一个新时代来临，都必然经过斗争，也都必须付出代价。

互联网和金融，两种必须融合的基因

无论技术如何炫酷，金融仍旧是金融本身，金融永远都应该服从和敬畏它原本简单的本质。

所以，金融产业首先应该带着金融的基因，恪守行业行为规范和某些金融铁律。但同时应该看到，互联网化已经不是某个行业的自我选择，而是生死攸关的问题。金融的互联网也一样，尤其经过近两年的市场教育，金融互联网化只会更快，而不会更慢。

所谓的互联网金融和金融互联网的 PK，没有什么意义。在美国，甚至没有互联网金融这个概念，只有 Fintech（金融科技）这个词，指的就是互联网公司或者高科技公司利用云计算、大数据、移动互联等新兴技术开展的低门槛金融服务。这些服务和银行所提供的金融产品和服务，不是颠覆的关系，而是互为补充。

而在中国，如果现在传统金融向社会开放牌照资源的话，将来必然是互联网金融的时代。原因？前文已经说过，互联网金融和金融互联网的冲突，并不在于技术和金融要一争高低，而是一个产业形态的变革，互联网金融代表的是高度的市场化竞争，传统金融代表的是在垄断保护下的市场服务。打破壁垒，孰强孰弱，一目了然。

对于这个行业来说，未来的胜利者当然要兼具互联网和金融两种强基因。弱基因也是不行的，要足够强。互联网基因带来的新气象不但是服务更加走心，更重要的是通过技术的变革，让金融更加高效、智能、透明地提供服务。而传统的金融基因，将是这个行业恪守本分的底线，不冲动，不作恶，让金融回归本质。

人们常常在中国新旧金融剧烈冲击中产生出互联网金融发展过快的错觉。事实上，并不是互联网金融发展太快，而是监管和技术太落后。并不是我们的市场已经很激进，相反，对比世界金融的互联网化进程，我们在很多技术方面没有什么优势可言。

AI 金融时代叩响门环

现阶段我们的互联网金融的水平还处于技术批量处理、标准化产品的时代，靠的是技术对人工的集约取代和移动互联网终端上的简便操作。

在世界范围内领先的解放者们，已经在开拓更加"激进"的方式来进行金融服务，即机器人投资顾问业务。最近这个话题在华尔街已经引起了最真实的投资热潮。这股热潮最初由美国金融技术公司 Wealthfront 的人工智能业务引起，他们所提供的机器人投资顾问服务，可以根据投资人的风险承受水平、收益目标以及风格偏好等一系列要求，运用复杂的智能算法及投资组合优化模型，为客户提供最终投资建议。由于人工智能具备低成本、自动化、个性化的特征，在市场上受到了用户们的欢迎，并立刻吸引如高盛等传统金融机构的加入。

互联网金融算什么？

互联网的更高阶——AI 金融的时代就要到来了。

阿尔法狗和李世石大战之后，韩国金融委员会立刻表示，2016 年将大力扶持以大数据为基础的在线投资咨询业务，力推机器人投资顾问成为新一代国民资产管理工具，在风险可控的基础上，适当放松相关业务监管，支持机器人投资顾问业务等金融创新业务。

根据花旗集团的最新研究报告[①]，AI 投资顾问的资产管理规模已经从 2012 年的零增加到 2015 年年底的 187 亿美元。到 2015 年年底，美国 AI 金融领头羊 Wealthfront 和 Bettement 分别拥有了 29 亿美元和 30 亿美元的管理资产规模。美国著名科尔尼咨询公司（A.T.Kearmey）更发出无比乐观的预测：未来 5 年，AI 投资顾问市场复合增长率将达到 68%；到 2020 年，该行业的管理资产规模有望突破 2.2 万亿美元，刚好是 2015 年中国互联网金融的市场规模。

众筹加快互联网化步伐

因此，中国不是要限制互联网金融的发展，而是要加快，并且促进传统金融和互联网金融的融合。实际上，处于市场需要和对未来的正确判断，某些传

[①] 数据来自花旗集团 2015 年年底的行业报告。

统金融企业正在主动高效乃至激进地互联网化。例如平安集团的平安一账通，被认为是综合性的智能财富管理平台，也是中国AI金融的排头兵。

而众筹在最为重要的2015年迎来了颇为不利的监管政策，股权性众筹越来越私募化（小面积的公募牌照试点还没有明确政策），貌似背离了互联网金融的初衷，从原来的低门槛大众化转变为高门槛小众性，这样的监管方向，不符合新经济发展迫切需要的大解放。

2016年，在互联网舆论环境承压的状态下，众筹独得解放的可能性不大。市场的真正开放，还需要不断的博弈。

第二节 还众筹以市场

中国市场的问题往往是专家太多，离市场万里，却坦然对市场指手画脚。众筹以及P2P在今天的中国出现的所有问题，都不是问题。最大的问题，是早就存在于金融市场的问题。

互联网金融无论怎样创新，仍旧是在中国大的金融生态体系内，这个体系长久以来就想要转型升级，但步伐非常缓慢。真正促进众筹或者新金融发展的，应该是充分的市场竞争，应还众筹以市场，还金融以市场。

关于牌照的悖论

中国金融产业是个大牌照产业，大到证券、银行、保险，小到典当行、小额贷款，再到互联网领域的在线支付、P2P、众筹，无论多新和多老，人人头上都必须顶着一个牌照过日子，没有牌照，这日子就没法过。

我们能够理解政府发放牌照的初衷是为了行业规范和监管，但是很多行业在刚刚开始的时候，政府恰恰并没有与市场相匹配的监管能力，在这种情况下，发放牌照无疑就是发放政府信用背书。而这些政府公信力，被市场放大，成为某些非法产品的增信手段。

所以在过去的几年中，很多金融相关企业出现问题，就会有投资人去围攻政府部门。为什么呢？因为是政府给这些企业发的牌照，出了问题，政府自然应该承担责任。

这种不得不善后的义务反之又令政府在监管的时候产生了某种微妙的"不作为"方式——希望管理的企业创新，又不希望他们因为创新而给政府惹祸。在大多数不能分辨创新还是惹祸的情况下，他们选择保守，这对需要在不断创新中猛进的新行业来说，这种保守是万分致命的。

政府可能也为此苦恼不已，所以在近年来证券市场一直高呼注册制，虽然进度并没有像预期来的那样早，但至少排上了日程表。

互联网金融作为一个尚新的行业，实在应该远离牌照审批，拒绝随意附加政府信用这样的事，推行注册制、备案制。政府要做的事，就是加强风险提示，快速跟进制度和立法的完善。

事实上，互联网金融在中国兴起后很长一段时间，或者说到今天为止，并没有一个真正的P2P或者众筹牌照存在。但长期被牌照教育过的市场和某些政府惯性，导致越来越多的政府参与到互联网金融公司注册审批过程当中。既然国家制定了相关业务的政策红线，审批这不是牌照的牌照，意义何在？

让风险坦荡存在

金融市场经济之下，一定要正视风险。

任何情况下，不必避讳风险，金融的本质就是对风险的定价，就是经营风险的生意，风险应该坦荡地存在。

中国经济正面临转型期，全国上下一致支持大众创业、万众创新，经济体中最大的风险就是创业和创新。有数据显示，中国现在每分钟诞生8家新公司，创业失败率高达80%，企业平均寿命不足3年，而大学生创业失败率更高达95%。鼓励众筹去支持"双创"，就是支持投资风险。社会舆论和整个游戏的参与者，必须明白这一点。然后才是高风险和高回报的逻辑。

在这样的状态下，苛求众筹平台各种风险控制，是对市场经济规律的无视。而且在真正的市场环境中，足够的有利可图会让最严苛的风控体系转而去追逐风险。

2008 年席卷全球的金融危机源于次级债，当这种产品最早在 2002 年进入市场时，被多数银行定义为风险极高，并进行抵制。但是随着该项业务越来越能赢得市场欢心，盈利越来越高的时候，没有银行会拒绝它。

打破刚性兑付

面对高风险领域的经营，全世界同行的方式就是风险自担。追逐风险，或者获取高回报，或者输光所有筹码。没有人会为高风险的投资行为兜底，企业不能，政府更不应该拿纳税人的钱去为个别人的投机行为买单。

因此，金融应该打破刚性兑付，让所有的投资人乃至"小白"们都明白，没有人为你的决策兜底，世界上不存在刚性兑付这件事，即使最原始的储蓄行为，也是有风险的，中国现在不是已经开始推行储蓄保险了吗？为什么，因为政府为银行坏账买单那么多年，压力也是非常大的。

不仅如此，刚性兑付对整个金融体系造成了长远的伤害，使得中国金融市场很长时间并没有完善出真正的多层次资本市场，投资者教育也非常差。为什么中国的投资人喜欢相信那些高回报、高安全性产品的存在？因为整个市场弥漫着一种刚性兑付的氛围，政府牌照审批行为无疑也为刚性兑付进行了背书，导致整个资本市场中投资人对风险认知不足，常常迈入那些伪金融造好的陷阱。

打破刚性兑付，通过严酷的市场教育，中国投资者们才会从追逐高收益和低风险的梦境中醒悟过来，才不会出现问题就去政府上访示威，也才会认真地而不是听从他人"忽悠"做出一个对自己不负责任的投资决策。

完善退出通道

建立相对灵活的退出通道，使得众筹市场更加完整。

退出通道除了现有众筹平台给出的退出方式外，更重要的是建立交易退出机制。前面章节已经陈述过中国第一个众筹交易所——贵阳众筹金融交易所，这个交易所的出现刚好可以为中国众筹大市场做二级交易市场。

二级市场的交易功能，不仅是对筹后正常运营企业的认筹股权或收益权的交易，还应具备对筹后出现问题企业的资产进行并购、拍卖等业务。

简单说，好的企业可以通过众筹所交易到更好的价格，从而进入中国资本市场序列，进行初步的公众公司规范，为进入三板、创业板等市场打好基础。对于运营失败的企业，可以通过交易所进行资产处置，从而避免各种纠纷和小额认筹人维权无门。

在有必要的情况下，应该引入黑名单机制，即在整个众筹市场，对众筹参与者进行行为征信，在该领域内发生的主观欺诈、违约等失信行为，进行公示并列入黑名单，以使所有进场者对这个市场本身存有敬畏之心。

完善的市场产业链条和充分的市场竞争，带来的就是市场高度的透明化，在这个前提下遵循市场规律快速发展，进入良性循环。

第三节 大数据风控铁笼

2016年4月，互联网金融在中国迎来了最强的监管风暴，所有此类企业注册在全国被叫停，并进行为期一年三个阶梯的清理排查。业界普遍认为，2016年是互联网金融的监管之年，风险控制将是本次监管的核心要点。

当然，即使没有这一次监管风暴，业界也早已达成这样的共识：风控，尤其是大数据风控，将是这个行业未来的核心竞争力。不过关的平台，不仅会带来单项挂科的问题，还会导致全军覆没。

基于这样的判断，所有平台都掀起了一场风控军备竞争，本节内容则更多参照了这场竞争中的引领者，贵阳的大数据风控铁笼模式。

系统风控监管机构

表 7-1 贵阳大数据风控铁笼系统架构

监管平台	综合监管平台
	专门的信息披露监管平台
	独立的互联网金融资金托管监管平台
监管技术	大数据采集技术
	大数据清洗与筛查技术
	区块链与互联网金融信息与资金追踪技术
	互联网金融风险大数据模型分析技术
	互联网金融大数据风险预警技术

续表

监管事项	市场准入监管 上线产品备案监管 信息披露监管 平台内控度及风险管理制度监管 资金托管监管 投资者服务监管

通过这个架构，建立起对互联网金融产品全过程监控铁笼，并按照产品的上线流程分成了四个阶段：第一阶段为互联网金融产品前置审核期，涉及产品主体及利益相关人的信用监控；第二阶段为产品上线销售阶段，涉及产品合规监控，如是否宣传不当或承诺回报等，产品上线平台的内部控制制度与流程监控，如资金的第三方托管等、投资者适当性监管等；第三阶段为产品存续期，涉及信息披露监控、信用风险监测评估和信用风险预警服务，如企业的运营情况和重大事件的公告等；第四阶段为产品退出期，涉及项目跟踪服务监控、投资者服务监控等。

整个构架涵盖了市场准入监管、互联网金融产品备案监管、互联网金融业务信息披露监管、互联网金融内控制度及风险管理制度的监管、互联网金融的资金托管监管和投资者服务监管等六个重大领域。

建立和集成征信体系

监管体系的建立和使用，有赖于信息数据库的庞大信息采集、分析和使用逻辑。

贵阳数据风控铁笼的信息来源主要来自五大部分，其一为互联网金融业务平台数据，包括互联网金融当事人实名注册数据、信息披露数据、业务与经营数据等；其二为互联网金融监管数据，包括监管统计数据、行业谴责与处罚信息、自律管理与处罚信息等；其三为一般政务管理数据，包括大数据综合实验区契约性开放数据、工商管理数据、税务管理数据、行政许可信息、行政处罚与司法公开信息等；其四为群体数据，包括行业数据、互联网金融行业分类统计数据、互联网金融相关群体特征数据等；其五为环境数据，包括地理环境与资源禀赋、宏观经济数据、区域经济发展、区域信用环境等。

依照以上五层，数据的集中度呈逐步扩散趋势。但并不是说最外层的数据作用会更小，这取决于数据的分析能力和分析逻辑。

比如将企业当地宏观经济数据或者行业宏观经济数据的引入，就可以为某个企业画出它的"企业定位"，即该企业在行业中的竞争力分析，该企业在当地区域市场中的排名分析等，以此判断目标企业在归属产业中的地位，属于行业中第一阶梯还是第二第三阶梯，一目了然。如此，投资人即使进入了知识盲区，也可以参照判断出该企业的市场发展前景和可投资价值。

按照一些"宁为鸡头不为凤尾"的投资理论，行业第一梯队的企业将会因这些数据形成"鹤立鸡群"的效应，会很快建立市场信任，受到互联网金融投资者的欢迎。

因此，大数据信息库的存在和分析技术的应用，所生成的数据画像，能让企业的运营行为和财务情况，通过人人可读的语言反馈出来，在有效对比之后给投资以科学决策。

AI 和区块链技术

大数据的基础是数据，除此之外就是对优质技术的恰当应用。

人工智能、大规模数据仓库、非关系型数据库、数据挖掘与模型分析、区块链等大数据关键技术的研发成果，为互联网金融的大数据监管提供了技术条件。其中，AI 和区块链被认为是互联网金融领域最具备想象空间的技术。

金融的本质是什么？是资金的融通。资金在融通的过程中，每一个环节都具有不确定性，不确定性就是风险的基本因子。区块链是去中心化分布式的集装系统，具有不可撤销性的特征，一旦信息经过验证并添加至区块链，就会永久地被存储起来，这会在最大程度上提高交易的精度，简化数据处理的流程，更会降低保持数据原始性和交易可追溯性的成本。这是一种金融行为——"去人格化"的技术，即以前完全由人来控制和完成的金融交易，被格式化了，由机器替代完成，消灭了从前作为人类操控下带有的情绪化、道德化风险，是完全的人为操作弱化，也是所谓的物联网金融。

另外，区块链还具有数字化的特征，几乎所有的文件或资产都能够以代码或分类账的形式体现。意味着，这些数据都可以被上传至区块链。

而 AI 技术也同样，它将精准地使用用户画像洞察他们的需求，最终实现智能匹配。AI 和区块链技术的结合，分别在金融交易和金融客户服务环节，将人的服务交接给机器，由电脑无差异地完成。

技术的应用，将会取代人类的大量工作，同时给所有金融行为提供了可追溯的无差别的服务，在提高效率和精准度的同时，降低了风险。

精准财务数据披露

贵阳模式最具个性的亮点在于信息披露环节财务数据的引用。任何互联网金融项目信息披露的难点，都在于信息准确性本身，而财务数据又是一个企业运营情况的最精准数据反馈。贵阳模式的做法，是直接引入了第三方的互联网财税管理平台——大账房。

大账房是一家在互联网＋时代，以财税 SaaS 为基础，以代理记账在线系统为核心的互联网公司。其业务包括财务在线报销、报税、资金风控、知识产权、财税培训等领域，构建了一个完整的大众创业财税云平台。大账房已经布局全国 30 个城市，与近 1000 家代账公司合作，覆盖 60 万户小微企业。

接入大账房的企业，不仅可以在其平台上得到专业便捷、人性化的财税服务，而且给了第三方平台以路径，使其能够精准掌握这些企业的财务数据，这些数据使得企业完全透明化，无论好坏，一眼辨识。

贵阳风控体系接入大账房体系后，只要将相应的权限下放给互联网金融项目的投资人，那么企业最核心的财务信息披露便会一目了然。

而且，这个强大的信息披露体系非常智能，即使不懂财务知识的投资人，也可以通过系统自动提供的分析数据对企业给出正确判断。

如，可以通过企业的状况分析，查看企业的收入和支出以及盈利状况；通过同行业财务分析，投资者可以与同行业进行对比分析企业的收支情况，了解企业的竞争力和发展潜力；通过查看企业评价，投资者可以查看企业的偿债能力、营运能力、盈利能力和综合发展能力；通过查看企业评价，投资者可以详细查看企业经营各项指标，包括收入增长比率、纳税增长比率、净利润增长比率、工资增长比率等；而获得更高权限的投资人还可以查看企业的明细账，资产负债表等。权限不同，投资人可查看的数据也不同。

财务数据的抓取和透明化，从根本上解决了互联网金融企业有效信息披露的问题，高效透明地解决了企业产品上线前的尽调和上线后的追踪，对互联网金融风险控制来说，是决定性的一个环节。

大数据风控，无疑已经成为互联网金融从青涩到成熟必交的作业，各个平台也在根据自己的数据抓取能力和分析方式，构建风控体系。人们普遍已经意识到，有效的风控体系不仅能筛选和防范风险，还会提高平台运营效率，带来更强的市场竞争力。

也正是基于这个原因，未来的互联网金融发展，市场将被大平台所收割，因为只有大平台，才能掌握大数据和投入大量人财物进行大数据分析及应用的开发。这条军备竞赛的道路非常漫长，不属于屌丝和草根的游戏。

第四节 2016年后，众筹"强纪元"

伴随大资本时代来临，给每个新兴行业留下的发展窗口期越来越短。在目前的中国，一个行业尤其是互联网＋产业领域，从行业掀起热潮到杀出寡头，大概只有2年时间。大资本和大平台，充斥在中国各个产业领域上方，一旦出现风口，必然长驱直入。

应该说众筹在2015年才真正进入快速发展期，以电商为代表的大平台纷纷在该领域攻城略地，凭借其自带流量和相对完备的生态体系，分分钟就将众筹网这样一批苦苦开拓市场并小有成就的公司甩开十几条街。

很明显，2016年的众筹已经跟2015年的局面完全不同，这是一个强者林立的市场，即"强纪元"时代。众筹竞争的焦点会聚焦在几个方面，比如拥有足够的合格众筹者、拥有足够好的平台公信力、风险控制能力、渐渐变得越来越重要的筹后管理能力，以及是否为众筹搭建了一个有力的生态体系。

合格众筹者资源

为什么是"合格的众筹者"而不是"合格的投资人"呢？因为众筹分两大板块，金融和非金融。

对于非金融的产品众筹板块，平台拥有的用户数量几乎决定了这个平台产品众筹的规模，这也是电商扎堆做众筹的原因，自带流量，不用浪费，众筹又这么火，当然要上。就在本书即将完稿的时候，电商领域掉队的国美也宣布进军众筹了。

用户数量对于竞争成败的影响力显而易见,只是各平台基于自身用户偏好特征不同,而进行了不同的开发和特性增强。比如京东,努力经营着基于3C的用户偏好群体,众筹的产品也集中在这个领域。

金融性质的众筹竞争核心则在于平台拥有的"合格投资人"数量。合格投资人与普通的电商注册用户存在很大的区别,电商用户基于单纯的购买性消费,而合格投资人应具备投资的素养,这包括了收入水准、风险承担能力及非常重要的风险认知能力。

很多人的账户里拥有5万元存款,但这并代表这些账户的主人就能承担5万元的投资损失。北京青年创业的明星项目"西少爷肉夹馍"就曾出现众筹人因生娃急需用钱,追讨认筹资金的问题。事实上,中国金融市场遍布这种现状,很多账户里的钱有一种"寡妇之钱"的特征,即第一,寡妇钱少,赔不起;第二,寡妇对金融投资的判断能力低,风险识别低,甚至没有风险意识;第三,寡妇的钱赔了,寡妇就会闹事。因此,美国的证券法33/34 Security Act的核心思想就是"Protect widow's money",即保护寡妇的钱。

因此,未来哪个平台能最大程度上吸引到中国最核心的高净值具备风险判断和承担能力的"合格投资人",哪个平台在金融众筹的道路上就会走得更长远。而那些迫于眼前竞争压力拿了过多"寡妇之钱"的平台,也许眼前尚能风光无限,但一到两面面临项目整体性回报压力时,平台本身也就走到尽头啦。

平台公信力

商业要靠信用,金融更需要信用。

没有公信力的平台,在互联网金融的世界里寸步难行。

为什么电商企业纷纷成为众筹品牌,因为朴素的逻辑认为,已经在纽约证券交易所、纳斯达克、中国A股等上市的电商企业不会为一个众筹业务而去自损品牌信誉，得不偿失。这就是天然的平台公信力。当然，作为互联网金融的一部分，平台公信力更专业地体现在资金监管、信息披露程度和平台运营是否能公平、公正、透明上。

目前多数有一定品牌的众筹平台都很注重平台公信力的建设，在资金监管方面一般都会有第三方银行托管账户，运营方面也还尚可，最具困难的方面是信息披露程度。

信息披露的度是不好掌握的。如果严格按照律师、会计师这种第三方机构参与进行专业信息披露，无疑会增加众筹成本，而且对于很多进行股权众筹的早期创业项目，根本拿不出像样的披露信息。很多时候，平台也不具备对这些众筹项目进行长期信息披露监管的能力，甚至说平台也没有这个义务。

所以，在目前的众筹领域，大部分还是依赖领投机构进行上述工作的，但也有众筹平台正在励精图治建立一支具备风投机构能力的自营团队，以代替机构，完善平台能力。

筹后管理能力

筹后管理像信息披露一样，被很多定位信息中介的平台将这些功能交给领投机构去完成。

然而中国的投资人假如在众筹完成后对项目的发展运营感到不满，不会只把板子打在领投机构身上，首先仍旧会责怪众筹平台，并认为他们应当承担必要的、不可推卸的责任。

因此，平台想要剥离这些责任，在现实操作中是很难实现的。况且，筹后管理的能力，很大程度上决定了这个平台的众筹口碑。因为众筹募资本身的成功，只是责任和义务的开始，只有认筹人在顺利退出并获得满意回报的前提下，才能为平台带来真正的良性循环。否则，平台前端众筹越成功，后端麻烦也就越庞大。

还是"西少爷肉夹馍"的案例，生娃的投资人上门讨要认筹资金，不仅是因为项目拿了"寡妇之钱"的问题，更重要的是项目众筹之后，管理混乱；合伙人由于内部分歧，导致创始人团队分崩离析，原有公司分离出了新公司，众筹者利益没有得到公正对待，投资人的电话无人接听。在这样的情况下，原本有风险承担能力的众筹资本，在强烈的无人问津"眼看可能打水漂"的情况下，变成了"寡妇之钱"。

因此，筹后管理实际上就形同众筹平台的售后服务，卖出的产品可能好用也可能不好用，这是市场既定风险。但售后服务体系必须健全，投诉必须第一时间有正规受理通道和确切的回应，维权有方法有路径，退出有既定通道。毕竟投资是件体面的事情，投资人应该得到体面的对待。

目前，筹后管理最重要的几个方面，就是项目的跟进、信息的及时披露、资金的严格监管以及合理的退出机制。

众筹生态体系

未来的众筹平台不是单一化的，而是体系化、链条化，即集约平台优势，打造一个贯通上下游的生态体系，这是很多众筹平台为自己规划的金融帝国版图。

从众筹的角度来说，京东打造了一个集销售、广告、培训、融资、供应链金融、消费金融、上市孵化为一体的生态链条，这个链条因其下接销售地气、上接金融资本孵化而成为创业者眼中的"致富高地"。

图7-2这个体系的特点是以各个不同产业体系为基础性资源模块，通过以交易所为核心的顶层交易秩序，建造一个有金融学院进行投资者教育支撑，世界众筹大会（大赛）作为众筹精选淘汰机制，产业基金领筹，第三方机构护航的生态结构。该体系的优势在于其具备交易所的交易退出机制，未来在打通传统资本市场上拥有更大的想象空间和体系优势。

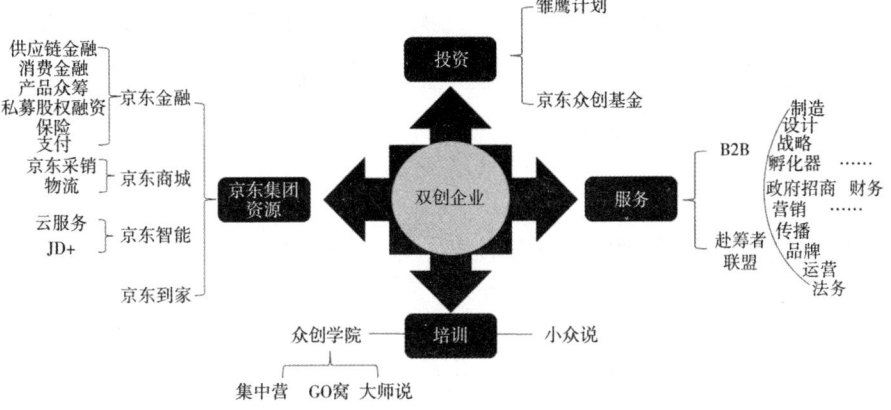

图 7-1　京东官网"众创生态圈"示意图

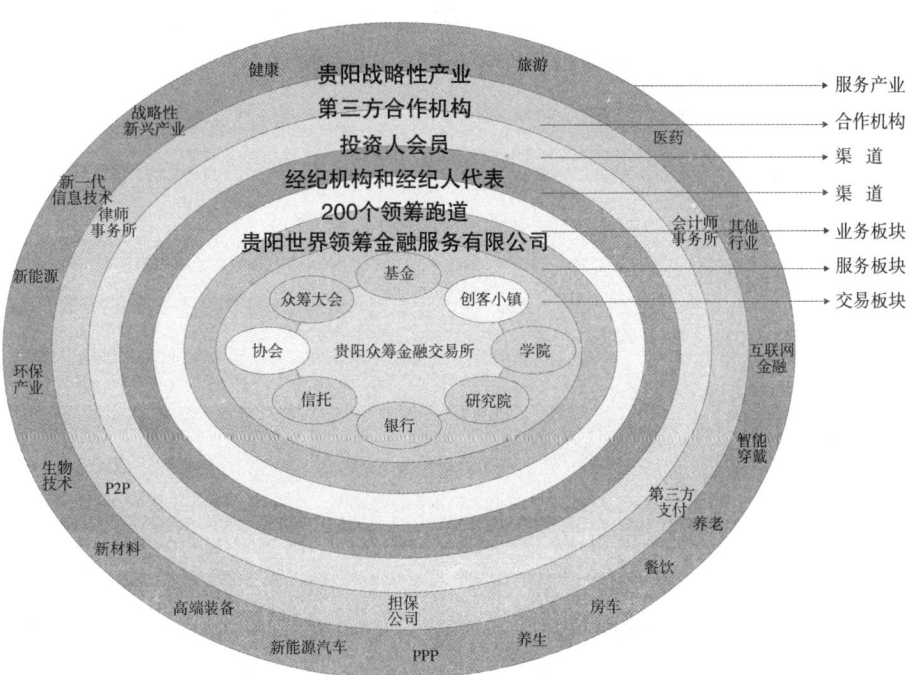

图 7-2　领筹系贵阳众筹金融交易所众筹生态体系

总之，未来的竞争市场会最终给出判断。按照目前新三板的迎新速度，近一两年就会产生一批众筹孵化的企业成功登陆新三板的案例。这种案例的出现，反过来会为众筹平台做增信背书，从而加快市场资源的集中，中小型和不具备竞争特点的平台将被市场快速淘汰。

▌脑洞区：电商众筹这朵花奇葩吗？

如果把中国众筹平台与国外Kickstarter、Indiegogo这样的平台做对比的话，你会发现一件非常奇怪的事情：中国式众筹扎堆电商。

电商第一梯队的京东和阿里，也是众筹界的第一梯队；电商第二梯队苏宁、国美、唯品会也纷纷上线众筹。其中苏宁在2015年紧随京东之后杀入众筹市场，从总众筹额度上来说，属于过亿的众筹平台。国美和唯品会是2016年4月刚刚上线众筹，业绩如何还不得而知，至少表现出了不落人后的姿态。

为什么中国电商这样热衷做众筹呢？因为有非常实际的好处。事实上，电商将众筹看作是强化销售的方法、流量变现的手段和产业链条扩张的路径。当然，不排除他们真的想点燃中国双创，支持梦想成真。

但不管怎样，电商众筹都是中国式众筹的重要代表，既大力地促进了市场的发展，也存在很多不容忽视的问题。

是众筹还是预售？

在电商平台，众筹和预售，众筹和团购，众筹和首发，真的是傻傻分不清。

很多众筹平台在接触企业时，也常常会被质问一个问题：众筹和团购到底有什么区别？

区别很多，但为什么在电商平台上出现的众筹还是给人预售＋团购＋首发的感觉呢？更糟糕的是，某些众筹产品的价格甚至达不到团购的要求，众筹的价格反而高于普通销售价格。众筹的发起人成了众筹的坑爹者。

当点开一个众筹平台，页面上挂着两个面部美容仪、三个空气净化机、四个智能出行工具的时候，消费者会感到他不是在支持众筹创新，而是在挑选同一噱头包装下的某一类别产品。

偏离众筹本质？

为什么电商平台众筹普遍像预售，这跟电商基因有关，他们本身自带的强流量和强销售能力，在此处反而伤害了众筹支持梦想这一本质。这导致个别需要众筹支持实现梦想的创新项目，反而寻求国外众筹平台的上线。因为电商众筹平台普遍要求众筹项目已经是一个具备完备的生产能力的产品，而不是一个寻求支持、存在不确定性的实验室产品。电商众筹更像是一个产品的首发式，众筹的第一诉求是产品的广告效应和买单爆款效应，即本质上属于销售行为。

而且更让小伙伴们感觉不好的是，这些电商众筹平台的流量和注意力慢慢被已知的市场强品牌所垄断，比如智能手机三星、华为、小米、HTC、奇虎360、魅族等这些知名品牌均在著名电商平台做过众筹，或者叫新款首发更为合适。

山寨和抄袭同在的创新？

不管实际如何，所有平台还是要打着创新的大旗来招揽顾客。只不过创新的现实，着实不能令人乐观和满意。中国市场长期存在的山寨和抄袭基因，又找到了众筹这个生机勃勃的温床。

比如，某款智能体重秤就在某知名众筹平台上找到了姐妹款。更令人感到无奈的是，众筹平台上还展示了一个基于该产品的务必狗血的创业故事。众筹的包装术，被抄袭者使用得炉火纯青。

2015年在某知名众筹平台上，出现了一款外观和索尼PS4几乎完全一样的"中国人自己的电视游戏主机"。其产品名为"OUYE坦克电视游戏机"，这款众筹产品一上线，就被资深玩家疯狂吐槽，它所谓的"创新设计"就是将索尼PS4机身和微软XBOX ONE的手柄"完美融合"，连名字都是抄袭"OUYA"。特别激怒网友们的地方是，他们对于自己山寨的描述则大言不惭地频频使用"独家""专业""品质""完美"等口号，因此在上线很短的时间内被吐槽到体无完肤,最终下线。

而在同一年,也有一款90后创业并申请专利的折叠电动车遭遇爱沙尼亚原创设计师的跨国维权,在中国新浪微博上公开打脸。该款电动车不仅剽窃了爱沙尼亚一位70多岁设计师的创意,还在国内将此申请专利,并号称为防止后来者抄袭,在产品上专门设下了防抄袭陷阱!最后这个"防剽窃的自觉性",令全体国民为之汗颜,并感到尊严扫地。

山寨和抄袭的严重和普遍化,最核心的问题仍旧是老生常谈的知识产权保护。这个短板,不仅纵容了山寨行为,还越来越大地伤害着中国刚刚崭露头角的创新能力。

曾有人在众筹平台上认筹了号称独创的iPhone磁力充电线,认筹者等了两个月后,发现同款产品已经在淘宝卖了一个月,既便宜还包邮,气到吐血。

而客观的事实是,目前众筹平台上公布出来的任何产品的创新,在不超过两周时间内就可以从中国深圳克隆制造出来,甚至其上市速度远超过众筹产品的生产速度。

在这样的尴尬环境之下,很多人无奈地期待电商平台能够承担一些本不属于他们的知识产权保护职责。

用力过猛的销售

电商平台由于销售能力比较强,因此被很多企业看作销售乏力的最佳市场。在企业强烈的产品销售诉求和平台强烈的众筹业绩诉求的完美结合之下,往往会引发一些销售用力过猛的事件,而给平台造成不可挽回的损失。

比如某知名众筹平台将某款空气净化器产品做到了众筹爆款,成为当年众筹市场上空漂浮的传奇故事。然而这款产品最终达到认筹者手中时,认筹者却发现产品质量与其宣传措辞存在非常大的距离。这导致原本对众筹平台信任度很高(这种信任可能是多年的平台购物服务累积起来的)对众筹这种支持创新的方式报以无限好感的认筹人,最终抛弃了众筹,调低了对这个平台的信任指数。一个企业多年付出真诚和成本换来的商誉，就这样被糟蹋了。

电商平台普遍对销售的偏爱，确实对众筹精神造成了伤害。2016 年，互联网金融要回归本质，众筹也应该向支持梦想实现的本质去靠拢。

当然，根据"存在即合理"这个不变的真理，我们并不否认电商众筹的无数优点，他们自带的庞大销售能力真的是一个能让梦想起飞的平台，只是在发展的过程中一些具体方式方法及侧重点存在调整的空间。

亚马逊在 2015 年时宣布，与 Indiegogo 等 25 家众筹平台和多家风险投资公司合作，在名为"亚马逊发射台"的平台上推出 200 款产品，其中一些产品已经在亚马逊上出售，亚马逊还将利用自家的分销网络管理库存、履行订单，并为创业公司提供客户服务。

可见，国际电商们也在借鉴中国电商众筹的经验，只不过他们选择与专业众筹平台合作，成为后者有力的销售及服务补充，而不是自己成为众筹平台。

脑洞区：大数据风控就是救世主吗？

大数据似乎离整个行业无比接近，因为几乎任何人任何地点都在讲这个故事；同时，大数据似乎又离整个行业还很远，因为没有人真正能讲得明白大数据如何形成了真正有效的数据铁笼。

虽然，利用大数据进行风险控制几乎是整个行业公认的未来核心竞争力，只要讲到这三个字，一切听到的人都会"不明觉厉"，深以为然。

然而，大数据真的是未来金融风控的救世主吗？很多人对此都有一些独到的观点，因此我们在脑洞区以给大家开脑洞的方式聊一下大数据的问题。

多大的数据是大数据

之所以成为"大数据"，是因为大数据的"样本＝总体"。大数据应用的对象有多大，数据的总体样本就应该有多大。

不够大的数据就不具备样本意义，并会得出错误的结论。比如那个营销界非常有名的鞋子案例，如果把数据范围限制在不穿鞋子的岛上，那么得出的结论就是人类是光脚出门的动物，显然这与事实不符。小的数据不具备代表性，那么大的数据就可以反映出一个人的真实轨迹吗？也不尽然。

英国有一部科幻剧《黑镜》，所讲的故事就是女主角在丈夫不幸死去后，在朋友的帮助下使用了某公司的新技术，该技术可以通过搜集其丈夫生前在社交网络上的所有信息，进而模仿其丈夫的一言一行，以安慰此刻心碎的女主角。

刚好，女主角的丈夫是一名重度社交痴迷者，在互联网上留下了足够多的印记，很快某公司便提供了一个虚拟AI与女主角聊天，AI所说的话果然同其丈夫生前非常相像，就像她的丈夫还活着一样。这种感觉当然非常棒，于是服务继续升级，AI逐渐可以模仿丈夫的声音，然后利用3D打印技术，AI以活生生丈夫的样子重新回到了女主角的生活，一切都像时间倒流，生活再度美好。

此时导演的画风突然进行了转变，女主角越来越发现这个熟悉的丈夫又如此陌生。为什么呢？大家可以脑补一下自己朋友圈看到的信息和自己晒在朋友圈的信息，这些信息当然是真实的，但又是非常片面的，从朋友圈里看到的大家每天阳光快乐，吃美食，出席名流活动，励志充满正能量，但真实的生活是这样的吗？

社交网络中人们愿意暴露的自己，只不过是自己的形象大使。因此，在《黑镜》的最后，女主角将AI丈夫丢在了阁楼吃土，她决定回到真实的世界。

所以，在国内BAT三家中，从数据的拥有量来说，百度和腾讯是阿里的倍数级别，但这些数据的价值却并没有阿里的高（在创造出更精准的数据分析工具之前）。

换句话说，目前的数据采集都是在某个维度进行的，百度是搜索、阿里是购物、腾讯是社交，而人类行为存在极度复杂的社会相关性，即亚马孙雨林一只蝴蝶偶尔震动一下翅膀，可能在两周后的德克萨斯州引起一场龙卷风。利用大数据进行风险控制，就需要全维度、全样本的数据，而这些数据没有任何一个企业能够得到。

目前唯一可能获得了全球最广泛数据的应该是美国的棱镜计划，这是举世界第一强国之力才能做到的事情，然而即使如此，美国这个国家的风险控制也完全没有达到非常安全的程度。而斯诺登事件，本身就说明了这个风控计划的失败。

大数据算出来的此刻风控能对未来有效吗？

大数据的基本逻辑是从过去推导未来。但是，未来具有不可预知性。事实上，未来存在很大的不确定性。让我们来重温一下著名的"黑天鹅"逻辑：你不知道的事比你知道的事更有意义。在人类社会发展的进程中，对我们的历史和社会产生重大影响的，通常都不是我们已知或可以预见的东西。股市会突然崩盘；美国地产泡沫会引发谁都没有预料到的次贷危机；一场突如其来的大雪会使得大半个中国陷入瘫痪状态，带来上千亿的损失。

纳西姆·尼古拉斯·塔勒布在《黑天鹅》这本书中给黑天鹅事件做了以下三个标签：首先是它具有意外性，即它在通常的预期之外，也就是在过去没有任何能够确定它发生的可能性的证据。其二是它会产生极端效果。最后，虽然具有意外性，但人的本性促使我们在事后为它的发生编造理由，并且或多或少地认为它是可解释和可预测的。简而言之，这三点概括起来就是稀有性、冲击性和事后（而不是事前）预测性。

塔勒布关于黑天鹅事件重大影响的两句话：生活只是少数重大事件的累积结果。"历史和社会不会爬行。它们会跳跃。它们从一个断层跃上另一个断层，之间只有很少的摇摆。而我们（以及历史学家）喜欢相信我们能够预测小的逐步演变。"

黑天鹅说明了未来常常被那些人类所不知道的无法预测的偶发性事件所左右或者影响。人类历史并非循序渐进，工业革命打破了人类上千年的生产力状态，而互联网又改变了工业革命以来几百年的生产力状态。人类社会在跳跃中突飞猛进，我们只能预测，未来科技会更加发达，但无法得知未来究竟怎样。

2015年，中国遭遇史无前例的股市大溃败，上演了千股跌停和千股涨停的人间奇景。正如网上段子手们所说，可能一个炒股的人在过去的一年当中，都是鲜衣怒马，人吃什么他的狗就吃什么；而股市大溃败之后，则变成狗吃什么人就吃什么。大数据在鲜衣怒马时期给一个人的定义和标签，可能因为明天的一次股市大跌，就完全改变。

大数据应用得失

大数据的前景和它的局限性几乎一样明确。

首先，大数据的数据来源和数据分析，目前都处于开始性阶段。全球能做真正数据分析和应用的企业大概也就50家，这是惠普高层的一个判断，相信也是比较中肯的判断。大数据的准确性、有效性和真实的应用性，跟现如今的互联网金融还有一段真实的距离。

其次，大数据只能作为决策的参考，无法推演明天，更无法计算明天的风险。真正的金融风险，是无法规避的，也就是黑天鹅事件。

最后，鉴于上述原因，大数据应该更多应用于对客户的分析上，比如某客户在过去几年里收入稳定投资大胆，那么可以给他推荐风险偏高的产品；相反同样一个客户在过去几年里收入稳定，但是性格保守，那就应该给他推荐风险偏低的金融产品。还比如一些信用评估领域，B2C或者P2P的小额贷款，在某些体系内，可以用1秒不到的时间对用户信用进行评级，然后3分钟完成贷款。

大数据应用最不靠谱的事情就是预测市场，因为市场是不可预测的。当然，这里并非要否认大数据的现实意义。大数据可以有效地提升效率，降低管理成本，作为任何金融机构，效率的提升和管理成本的下降，最终都是提升了对抗风险的能力。因此，大数据虽然并不能真正成为风险控制的救世主，但也具备重要的现实意义。

我相信，随着贵阳块数据的大数据集成信用及风控平台的建设，大数据会给予众筹更好的未来。

附 录

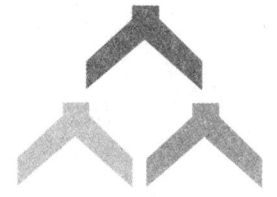

附录1　刘文献院长伦敦大学致辞

女士们、先生们、朋友们：

大家下午好！

今天来到伦敦大学这座历史悠久的大学，我感到非常荣幸。此外，更加让我感到荣幸的是伦敦大学亚非学院将与中国的众筹金融学院签约，在中国贵阳设立众筹金融博士站，意义重大，这将为中国蓬勃发展的众筹金融行业培养众筹金融博士提供了舞台，使我们所建立的众筹金融生态体系在国际化的道路上迈出了历史性的一步。为此，我们众筹金融学院在中国政府和贵阳市政府的支持、关怀和指导下，我们将与中国的众筹金融研究院、贵州财经大学、贵州师范大学共同把这个博士站，打造成为全球和亚洲区域培养众筹金融博士的一个示范中心，为世界众筹金融的发展培养更多的众筹金融人才。

今天，我要向各位介绍贵阳众筹金融生态体系的发展情况。2015年5月27日，中国首家以众筹金融资产为标的的创新类交易所——贵阳众筹金融交易所在贵阳成立，由我担任董事长。此后，我们在贵阳市委市政府的指导下，以贵阳众筹金融交易所为核心，逐步建立了中国第一个众筹金融学院、中国第一个众筹金融协会和中国第一个众筹金融研究院。

今后，我们还将成立世界众筹银行、众筹保险、众筹小微证券等，这些载体共同组成一个基于互联网、大数据的众筹金融生态体系。2015年10月，由中国贵阳市人民政府王玉祥副市长、中国人民大学法学院杨东副院长，还有我本人等共同牵头完成了《解放众筹》《互联网＋金融＝众筹金融》《众筹金融＋》《众筹金融生态》和《舌尖上的众筹传奇》的众筹金融系列丛书，这套丛书为中国贵阳市打造众筹之都提供了强有力的理论基础。目前，我正在牵头撰写《众筹的解放》。2015年10月23日至26日，我们还发起举办了首届世界众筹大会，来自英国、美国、加拿大和以色列等全球12000多人参加，包括了创客、投资人、政要、专家、学者等。

当下，世界经济增长缓慢，但中国经济却一直保持着中高速增长。在互联网发展的大浪潮下，以众筹金融为代表的新金融形态开始涌现。中国贵阳市委书记陈刚说过这样一句话："人类发展的每一次变革，都起于科技创新，成于金融创新。"我非常认同，而我一直认为，众筹，是服务于小微企业、服务于实体经济，为经济增长提供新动力的最好的方式。中国每年有几千万新企业出现，其中包括了转型中的传统企业与新兴创业企业，而众筹，能帮助这些企业在未来的发展中，有机会成为下一个时代的脸书、微软、BAT。

在众筹金融的发展中，我认为众筹金融人才的培养和交流是重中之重。在我们的众筹金融生态体系中，众筹金融研究院与众筹金融学院分别作为智慧载体和人才载体发挥着重要作用。在众筹金融研究领域，我们首先提出了收益权众筹这样一个全新的理念，而随着中国最新的政策导向，我们把研究方向转向"去库存、去产能、去杠杆、将成本、补短板"以及供给侧改革上面，目前我们又提出了供给侧众筹、反向众筹，以及一直都在研究推进的跨境众筹，等等。

而在众筹金融人才培养方面，我们以大数据金融学院为主体，不仅是培养众筹金融从业者，还对众筹金融方面的项目发起者、投资者、经纪人等相关行业人员进行培训，因为目前人们对众筹金融这个新的投融资模式还比较陌生，我们希望能培养出更多众筹金融的合格发起人、投资人和经纪人，大家共同推动众筹金融的健康发展。

以上这些都是我们在众筹金融领域的一些思考和探索。众筹，不仅是筹资，而且还是筹人、筹智，是实现共享经济与普惠金融最好的手段。现在，我们联合伦敦大学一起，将在众筹的人才培养、研究、实战，以及跨境众筹等领域实现新的突破，并使中国与英国搭建出一条新的桥梁，未来会在金融、文化、人才培养、能源等各个行业领域有更多深入的交流与项目合作！

　　在此，我真诚地希望我们的合作将越来越美好，同时也邀请在座的朋友们到美丽的中国贵阳旅游、交流、合作。

　　祝大家身体健康，谢谢！

附录2 刘文献院长在与利物浦市长见面会上的致辞

女士们、先生们、各位来宾：

大家下午好！

很荣幸今天能来到利物浦这座美丽的城市，向这里友好的人民介绍我们世界新金融领域开创性的活动——世界众筹大会。

2015年，是中国众筹金融领域开创性的一年。这一年，我们在贵阳市人民政府的支持和指导下，建立了中国乃至世界第一个以众筹资产为交易标的的创新类交易所——贵阳众筹金融交易所；这一年，贵阳市王玉祥副市长、中国人民大学法学院副院长杨东和我牵头撰写了中国众筹领域的开创性理论文献——《解放众筹》《众筹金融＋》《互联网＋金融＝众筹金融》《众筹金融生态》《舌尖上的众筹传奇》5本众筹金融系列丛书；这一年，我们在贵阳市大力发展大数据战略产业的浪潮中，建立了全球独有的众筹金融生态体系，在这个体系中，贵阳众筹金融交易所是一颗闪亮的太阳，围绕着这颗太阳，有一颗闪亮的明星——世界众筹大会，一个众筹金融领域历史性的盛会。

2015世界众筹大会，吸引了来自英国、美国、加拿大、以色列等全球超过12000人参会，包括了创客、投资人、专家、政要……其中有英国财政部国际商务司司长丹尼斯·卢、加拿大前副总理希拉·科普斯、美国众筹专业协会董事局秘书长史考特·麦克林区等，哪怕是在人口庞大的中国，这样大型国际的新金融活动也是少有的，这不仅要感谢我的团队，更要感谢中国贵阳市的政府和领导们，就像王玉祥副市长所说的，只有在贵阳这样一个以开放、创新、包容的城市，才能举办好这样一次盛会。

2015年的首届世界众筹大会，我们举办了5场大型活动，包括了公益众筹足球赛、众筹洲际小姐中国区选美大赛、中国少数民族电影公益众筹活动、创客博览会，以及创客众筹大赛等。其中创客众筹大赛，我们在短短一个多月的时间里，搭建了一套以体验众筹、娱乐众筹、实战众筹为主，并且信息完全公开的线上竞赛系统，在一个多月的时间里，就吸引了1632个合格项目上线报名，30多万名会员粉丝，有781位创客参与竞赛，投资天使超过7万名，共筹项目金额超过1600万元人民币，这是一个非常了不起的成就。

我们还办了37场各行业领域的专业论坛，在这32场论坛里，我不得不提的，就是我们与伦敦举办了一场众筹之都的对话论坛。在这场高峰论坛里，我们邀请到了来自英国剑桥大学等高校和金融机构、研究机构的专家学者，与中国众筹金融领域的专家学者，以及政府政要等一起，围绕众筹金融的风险控制、平台建设、政策支持、项目合作等方面进行了深入有效的探讨，成果丰硕。今天我们站在这里，向在座的嘉宾做推荐，也是去年活动成果的一种转化和推动，我们希望今年能继续延续这样的态势，并进行更加深入的、实质性的成果转化和推动。

今年，我们的各项活动筹备工作早已启动。我们在总结去年活动经验的基础上，增加了许多新的元素。比如在今年的大会系列活动中，我们延伸了活动的周期，像今年我们主要策划的移动电子竞技众筹大赛，马上就要在全中国范围内启动，决赛将在7月下旬举行，我们会用一套"互联网＋移动电竞＋众筹"的模式，来吸引更多的参赛元素，这是一套基于互联网移动端的，一个O2O的模式，而这个现代所产生的新兴运动，还会和我们在贵阳的一个传统国际性赛事，2016国际马拉松赛相结合，到时候会出现"创客、竞客、奔客"

同场汇集比赛的一个嘉年华场景,这也是我们在互联网时代所一直推崇的"跨界融合"的理念,会非常有趣,非常好玩。而这样的活动,将给中国贵阳,这样一个以生态文明著称的绿色城市,带来各行业产业以巨大的互动效应,这是互联网＋众筹,就是我们新一届世界众筹大会的一个很重要的宗旨。

今年10月,我们新一届世界众筹大会,将把2015年世界众筹大会系列活动的成果进行集中的展示。我们今年将加大邀请来自世界各地的创客们,嘉宾们汇集到一起,共同来探讨全球众筹未来的发展方向。而在中国政府和贵阳市委、市政府的大力支持和指导下,新一届世界众筹大会的主题将围绕风险控制为主旨来举办,我们也会围绕一些主要产业领域的发展来探讨,比如我们的有机产业,包括大数据领域、扶贫领域、光伏产业等,这些产业领域的融合发展,将为我们转化很多落后的产能,实现转型升级。

今年,我们的全球创客众筹大赛系统仍会继续升级并开放,我们非常欢迎来自英国的创客们一起参与比赛,参与我们的活动,这也会成为众筹领域历史性的一个事件,你们的参与,将和我们一起在跨境众筹领域的探索和实践得到极大的推动。我相信,我们这次与英国各级政府的合作,不仅只限于在金融领域,而在文化、体育或其他更多的领域,中国和英国、贵阳和利物浦之间将会有更多的互动、交流和学习,这将为两国人民、两市人民的友好往来搭建出新的桥梁,在未来,贵阳和利物浦两市之间会有更多的人才交流、项目合作,通过众筹的手段,会碰撞出无限的发展机遇。

中国贵阳不仅人民友善、环境优美、空气清新,没有雾霾,还是一座从政府到人民都包容和谐的城市,那里的发展还得到了来自中国中央政府和领导人的高度关注和大力支持。最后,我诚挚邀请英国利物浦的人民、投资者、企业家、创客、学者们去中国的贵阳,去那里旅游、参观、投资,去跑马拉松,去参加新一届世界众筹大会!

祝各位万事如意,谢谢!

附录 3　巴里·舍尔曼致王玉祥副市长的一封信

Mr. Wang Yuxiang
Deputy Mayor
People's Government of Guiyang Municipality

13 September 2016

Dear Mr. Wang Yuxiang

It would be my great pleasure to lead a UK delegation made by the UK's top experts and practitioners in crowdfunding to visit Guiyang this year.

I am thrilled to hear that Guiyang is becoming China's "big data valley" and "crowdfunding capital", a sector that the UK is strong at and our government is interested in supporting its development. I believe that there is a strong foundation to support the collaboration in crowdfunding between China and the UK. Being the chairman of All Party Parliamentary Crowdfunding Group, I am privileged to be associated with Guiyang City in this journey to facilitate the collaboration in crowdfunding between our countries.

I would like to congratulate on the success launch of the Guiyang Crowdfunding Financial Exchange, the first and only exchange in crowdfunding in China and I look forward to leading a delegation to visit Guiyang soon.

Yours Sincerely

Barry Sheerman MP

王玉祥 先生
副市长
贵阳市人民政府

2016 年 9 月 13 日

尊敬的王玉祥先生：

我非常高兴地率领由英国众筹领域的高级专家组成的代表团在今年前往贵阳访问。

我很惊喜地获悉贵阳市正在成为中国的"大数据谷"和"众筹之都"。在众筹方面英国恰好有着全球范围内很强的优势，同时英国政府也在政策上对此给予了很大的兴趣与支持。我相信在中英两国间针对众筹领域的合作已有着较强的基础。作为英国跨党派众筹委员的主席，我格外有着责任和优势来推动中英之间的合作，尤其是要在我即将成行的访问中努力开展与贵阳市的实质性合作。

我衷心地祝贺"贵阳众筹交易所"的创立，这个交易所是中国第一个也是目前为止唯一的一个。

我期待着即将开始的对贵阳的访问。

您最诚挚的

巴里·舍尔曼（国会议员）

巴里·舍尔曼，英国国会议员、英国众筹委员会主席、中英科技合作委员会主席。

巴里·舍尔曼主席将率英国众筹金融代表团在2016年11月8号访问贵阳，探讨中英合作，建立贵阳众筹金融交易所"国际版"合作，这是中英众筹合作在11月继中英跨境众筹基金、中英跨境众筹产业园、中英跨境众筹交易所、中英大数据众筹金融博士生培养计划的又一件大事，是贵阳走向世界众筹之都的里程碑，是全球众筹人寻找一个众筹新世界的共同探索、共同合作、共同创造的世界，共享金融的进程。

附录4　2015年中外嘉宾在世界众筹大会上的观点

举全力打造世界众筹之都，让梦想之花结出事业之果。

——孙志刚

贵州省人民政府省长、省委副书记

众筹是一个新生事物，是未来发展滚滚洪流中的一个风帆。

——陈　刚

贵州省委常委、贵阳市委书记

让众筹成为实现多层次资本市场无缝对接。

——吴晓灵

全国人大财政经济委员会副主任

·摘自吴晓灵主任考察贵阳众筹金融交易所的讲话

推动众筹金融稳健发展，打造中国特色众筹之路。

——李东荣

中国互联网金融协会会长

"互联网+"为企业插上腾飞的翅膀。

——庄聪生

全国工商联副主席

众筹金融助力贵阳构建完整互联网金融生态体系。

——王玉祥

贵阳市副市长

推动中国经济发展不能错过众筹。

——希拉·科普斯

加拿大前副总理

众筹是共享金融的典型形式。

——姚余栋

中国人民银行金融研究所所长

众筹成为互联网金融的主体形态。

——吴晓求

中国人民大学金融与证券研究所所长

互联网众筹有效支持大众创业与万众创新。

——黄运成

证券会研究中心研究员

解放众筹，建设中国资本市场新五板。

——刘文献

贵阳众筹金融交易所董事长

互联网＋金融＝众筹金融，众筹金融改变一切。

——杨　东

中国人民大学法学院副院长

众筹是大众创业万众创新路线图。

——李光斗

中国品牌专家

附录 5　贵阳众筹金融交易所

贵阳众筹金融交易所诞生于大众创业万众创新的大时代，座落于中国大数据产业领军城市贵阳。它是全球第一家经政府主管部门批准成立的众筹金融交易所，由贵州阳光产权交易所、北京领筹金融信息服务有限公司、北京特许经营权交易所及 FDS 中国资本等创新型金融机构共同发起。在世界特许经营及国际众筹金融知名专家刘文献院长的领导下，众筹金融交易所创造性地建立了以交易所为核心的生态体系，包括世界众筹大会、世界众筹大赛以及世界众筹金融小镇、众筹金融产业园、众筹创客公社孵化器、众筹金融学院、众筹金融研究院、众筹银行、众筹保险、众筹基金平台等，尤其是以 200 位各行业领袖企业和创新企业家所组成的领筹人阵营和世界领筹金融集团，为众筹所提供了持续发展的产业金融创新基础和层出不穷的创新金融发展动能。

如今，众筹金融交易所依托债权众筹、收益权众筹、互联网非公开股权众筹、知识产权及数字资产众筹、产品众筹等多个业务类型，已创新发展出多个产业众筹金融交易板块，并与主力资本市场及银行市场合作，创新金融资产交易板块，使众筹金融交易成为兼有大数据新金融资本和传统主力金融资产的独一无二的复合型金融交易所。现在，众筹所在中英科技跨境众筹、大数据消费积分众筹交易、公共资产 RIETs 交易、知识产权证券化众筹、物联网新能源众筹交易、三五板资本市场联动交易、体育游戏及虚拟现实资产、艺术品及特许商品交易、交易银行及保险金融资产交易等领域,走在创新的前沿,获得了国际性的影响力。今天,我们即将迎来新一轮人类大数据金融创新大未来和世界经济供给侧改革的大机遇,众筹所将秉承共享数字普惠金融的价值理念,共同开创世界众筹之都的美好未来。

后记　大众筹时代的大解放

众筹：一半海水一半火焰

2016年的春天，当众筹行业还沉浸在众筹被写进"两会"报告的喜悦时，深圳、广州突然全面叫停了房地产众筹业务。

4月12日，深圳市互联网金融协会下发《深圳市互联网金融协会关于停止开展房地产众筹业务的通知》（以下简称《通知》），要求全市各互联网金融企业全面停止开展房地产众筹业务，并进行自查自纠和业务清理工作。《通知》称，叫停房地产众筹业务是根据深圳市相关监管部门指示而做出，意在充分发挥监管自律功能。《通知》并提到，对于不积极自查整改的企业，该会将向政府相关部门报告，将其作为全市金融风险重点排查对象。继深圳全面叫停房地产众筹后，广州市也要求企业暂停这一业务。4月13日下午，广州市金融局召集广州市互联网金融协会和广州金融业协会开会，要求房地产众筹企业暂停开展该业务，做好风险排查工作。

紧接着国务院责令证监会开展股权众筹专项整治。4月14日，国务院组织14个部委召开电视会议，决定在全国范围内启动有关互联网金融领域的专项整治，为期一年。该项整治涉及多个部委，其中央行、银监会、证监会、保监会将分别发布网络支付、网络借贷、股权众筹和互联网保险等领域的专项整治细则。

而4月15日，国务院批准并印发《上海系统推进全面创新改革试验加快建设具有全球影响力的科技创新中心方案》，"支持上海地区为开展股权众筹融资试点创造条件"列入10个先行先试重点突破的工作之中。上海要先行先试股权众筹融资试点了。

2016年4月是互联网金融专项整治之月。从中不难看出，国家对于非法集资持严厉打击的态度，同时督促出台相关监管政策，规范非公开股权融资，引导行业朝着健康有序的方向发展。

整个春天，众筹世界都在忽而阴云笼罩忽而骄阳似火中度过。单从众筹行业来看，其实众筹界这种一半海水一半火焰的境况从2015年就开始了，从2015年年初狂欢的野蛮生长到年底突然的寒风凛冽，改变了中国互联网金融的生态气象，新旧矛盾产生激烈碰撞，失调和紊乱变成了一种急需被适应的新常态。

众筹之都的渴望

我每次回到贵阳，都深有感触。随着道路两侧的高楼挡板被拆掉，随着玻璃幕墙冲上云霄，随着一块块广告牌树立起来，随着一路上"金融引擎经济超速""贵州崛起，你不能缺席""铸造百年金融之城，金融助力产业升级"等口号的喊出，一座偏居祖国西南的城市贵阳正在以"金融城"的姿态屹立在人们面前，令人叹为观止。置身其中，你可以深深地感受到贵州人民、贵阳人民对于金融的渴望，对于发展的渴望，对于崛起的渴望！

在这么偏远、这么欠发达的地方，贵州贵阳可以像他宣传的那样弯道取直、弯道超车吗？人们不禁会有这样的疑问。

很显然，能不能是一回事，人们渴望不渴望是另外一回事。这里的人们显然已经注意到产业、商业和金融关系密切，缺一不可。

人们的渴望与拼搏的激情，有时候就像干柴烈火一样，一碰就着（当然，城市在人们如火如荼的奋斗中愤而崛起，还是大火之后终为灰烬，这个问题有待讨论）。

而我想问的是，在历史的长河中有没有这样的先例——金融帮助产业升级，帮助城市崛起的先例？

当然，我们都非常清楚地知道，在世界上有很多金融城。如英国伦敦金融城、美国纽约（世界金融中心华尔街所在地）、美国芝加哥、新加坡，当然还包括我国香港。其中，伦敦金融城曾经无比辉煌，在今天也依然闪烁着耀眼的光芒，它为英国的经济做出了巨大的贡献。20 世纪 80 年代里，它每年使英国纯收入税利 20 亿英镑以上，即使在经济衰退的 90 年代初期，失业率居高不下时，伦敦城为无数人创造了就业机会。1995 年，伦敦城内从事金融业、商业的人员有 70 万，比法兰克福的总人口还要多。可见，金融对于城市晋级发展的作用是显而易见的。

成为金融城不仅是贵阳的渴望，也是世界各城市的渴望。2016 年 5 月 20 日，第十一届浙江金融博览会暨第八届浙江中小企业融资产品展示会（以下简称金博会）在浙江世贸中心开幕。浙江省 9 个金融特色小镇在这次金博会上集体亮相。从湘湖金融小镇到西溪谷互联网金融小镇，从月湖金汇小镇到运河财富小镇，围绕自身特色，依托浙江特色自然与人文景观，打造出了依托自然却浑然一体的金融特色小镇。

大家正在从不同的角度进军金融，就像大家从不同角度进军大数据一样。而贵阳选择的是众筹金融交易所和大数据交易所这两条路。

为落实贵阳市副市长王玉祥率领贵阳众筹金融代表团 4 月出访英国的成果，巩固贵阳与利物浦双边友好城市意向协议成果，推介贵阳、贵阳众筹金融以及倡议发起世界众筹联盟，应英国 2016 利物浦国际商务节处长官方邀请，以贵阳市投资促进局处长孙奎为团长，贵阳市商务局机关党委书记姜玉学、贵阳综合保税区投资（商务）局局长陈临峰、贵阳经济技术开发区党政办主任姚飞扬、贵阳经济技术开发区招商引资局局长叶国强等市政府部门以及卓越科技金融产业园总裁李梓正、郎玛科技高级副总裁张健、货车帮 CDO 耿晓芳、北京大账房网络科技股份有限公司办公室主任王彤珺等包括我在内的企业相关负责人为成员的贵阳市代表团，于2016年6月13日至16日赴英国参加利物浦国际商务节，并与英国、马恩岛众筹主管部门和研究院校合作洽谈等系列公务活动。

本次访问，进一步在英国推广宣传了贵阳的城市开放创新战略，使中国数据之谷、世界众筹之都的爽爽贵阳形象深入英国政府及工商金融界，促进了贵阳和利物浦友城工作，推动利物浦市、马恩岛地区、伦敦大学、英国众筹中心等参与联合发起世界众筹联盟及世界众筹大会，落实了中英跨境众筹基金，并就贵阳众筹金融交易所发起设立马恩岛国际交易中心及众筹银行进行了探讨，衔接了中英联合培养大数据众筹金融人才计划，同时对众多英国高科技企业进行了招商推广，有力促进了中英科技金融产业园的工作。总之，通过4月和6月两次贵阳众筹访英代表团的工作，极大促进了贵阳的众筹金融和众筹强国英国的全面合作发展，为世界众筹大会顺利召开和世界众筹联盟的顺利发起，为贵阳大数据众筹金融对科技产业发展的创新支持，奠定了高起点、国际化、专业化的可持续发展基础。

我还将随团考察加拿大除首都以外的其他城市。众筹的国际化趋势已经势不可挡，众筹在中国的健康发展需要更多的国际化交流。不仅是贵阳、贵州人民渴望众筹，这个世界也对众筹充满渴望，是与贵阳同频的渴望。

大众筹时代需要大解放

在《解放众筹》时，整个众筹行业也只是一棵小树苗。根据融360大数据研究院和中关村众筹联盟联合发布的《2016中国互联网众筹行业发展趋势报告》显示，2011年第一家众筹平台"点名时间"诞生，2012年新增6家，2013年新增27家，这几年众筹平台增长较为缓慢。但到了2014年，随着互联网金融概念的爆发，众筹平台数量显著增长，新增运营平台142家，2015

年则新增 125 家众筹平台。

经过 2015 年的大众集体躁动或者说"热恋"，众筹的面貌已经被大众所熟悉。作为一种复合式工具，众筹是对融资、营销、广告、粉丝经济……的解放，也是对企业财务链条的解放。

产品众筹、股权众筹、收益权众筹、公益众筹、债券众筹，这传统五大类众筹在过去一年已经基本完成了市场教育（至少有效抵达和覆盖了中国一二线城市），所以我想通过《众筹的解放》谈谈脑洞大开的众筹新模式，一起聊一聊众筹对行业的解放和玩法的变化对众筹本身的解放，和读者一起用新的众筹方式去思考，在创新的路径上探索。比如反向众筹、P2P + PPP 众筹、大数据众筹、供给侧众筹、全民式生活化众筹和共享经济众筹。

在这些脑洞大开的众筹模式介绍之后，我还想给你介绍众筹的天然基因"社交属性"。而众筹在这个社交时代，对社交网络的积极应用，也有助于众筹项目本身更好地获得成功。

我和我的团队在将众筹和社交的积极融合后，逐渐在众筹平台上孵化出了带有社交属性的众筹角色，这些角色不但在一个项目众筹过程中扮演了重要角色，同时还会非常自然地利用其社交红利推进项目的传播和资金的筹集。

这些角色的能量在世界众筹大赛和世界众筹大会上得到了充分的释放。

首届世界众筹大会于 2015 年 10 月 23 日至 26 日在贵阳市召开，大会以"世界为你我众筹——众联、众创、众包、众享，大众创业、万众创新"为主题，共举办了开幕式、闭幕式、全民众筹大赛启动仪式暨全球创客博览会开馆仪式等 7 场重要活动，涉及科技、金融、农业、文化、房地产、餐饮、体育等行业的 37 场平行论坛，吸引了国内外 1632 个项目报名，近 500 家众筹平台参展，其中有 94 个项目直接参与平行论坛路演，其中"2015 贵阳大数据草根创新公开赛"路演项目 34 个；39 场高端论坛，45 场活动；近 400 家媒体现场报道，网站 Alexa 排名在短短一月达到 56 万名。

全民众筹大赛在线竞赛系统于2015年9月15日正式上线，截至11月14日，统计结果如下：共有1632个合格项目上线报名；共吸引30.14万名会员粉丝；有781位创客参与竞赛，投资天使7.86万名，70多种产业领筹人积极引领众筹；推广天使1.39万名，领筹天使101名，经纪天使446名，形象天使119名；共筹入场券金额1655.71万元；网站访问量累计600万（高峰期平均每天30万访问量）。

2015世界众筹大会是第一次以竞赛为核心的超大型会议，使用全角色、全方位、全过程的O2O竞赛系统，是一场基于大数据、移动金融的全球众筹盛会。

世界众筹大赛目的之一是教育市场，在大赛的过程中让个角色学会众筹，发现优质项目为众筹所输送可挂牌项目。大赛线上平台作为大赛官网承担了参赛项目申报、审核、展示、融资等功能，实现了参赛选手注册、交流、选手角色自动适配和与项目配对等功能。经过本次大赛，已经上线的项目达1600多家，将从入围500强的项目中按照交易所标准选出合格项目到交易所发行。

大会提供了一个平台，平台可以吸引到更多的投资要素，汇聚更多的人才。为此，本次大会采取了项目化运作的方式，将大会与贵阳众筹金融交易所、众筹金融学院等机构联动起来，通过众筹金融学院为互联网金融，乃至创新创业提供思想和理论支撑，通过大会的平台展示一个个好的项目以吸引观众，吸引投资，通过众筹金融交易所让这些项目打包发行，实现大会成果的延续和落地。

在与会者的热情参与下，本次大会取得了项目评选、产品交易、宣言共识等多种形式的开创性、前瞻性、引领性成果，在探索众筹行业发展方向、寻求众筹行业发展路径、确立贵阳在大数据领域的优势地位、推动贵阳众筹行业及互联网金融产业发展起到促进作用。

当然世界众筹大会（大赛）是我为读者阐述的另一个话题，大会（大赛）

上优秀的众筹项目最终将登上众筹之巅——贵阳众筹金融交易所（以下简称"众筹所"）。众筹所是中国，也是世界第一个以众筹为交易主题的交易所。当《解放众筹》在畅想众筹的交易形态时，2015年，贵阳众筹金融交易所就荣耀诞生了。如果说金融是所有经济形态的顶级段位，那么交易所就是金融中的顶级段位。

从新的众筹模式，到首届世界级众筹大会、大赛，再到众筹行业之巅——众筹金融交易所，到世界众筹金融之都——贵阳，希望在这些新的理论和创新实践中，传达一些我们摸着石头过河的经验！带政策的松紧而心跳的你，带项目的大小而纠结的你，带项目难易而困扰的你，跳出常规众筹窠臼，感受大众筹时代脉搏！当所有人深陷普通众筹沼泽挣扎呼喊之时，我想带你站在众筹巅峰俯瞰众筹，将它的无限魅力与强劲生命力尽收眼底！那时，你也许会顿悟出更伟大的想法！

大数据保驾护航下的全民众筹

我们正在通过世界众筹大赛，让众筹回归小额人多办大事的起点（世界众筹大赛1元起投，筹集千万资金），正在实践我们刚刚出版的另一本书《全民众筹》。众筹来源于大众，也应该回到服务大众中去，而不应束之高阁。

当然，众筹这个从互联网这块石头里跳出的"泼猴"，坏了传统金融的故有规矩。新旧矛盾互搏之时，这个紧箍咒怎么带，带多大尺寸，都让监管层感到头疼。

这个时候，另一个新生事物走进大众的视野，它就是大数据。众筹金融之都——贵阳先行先试，打造"贵阳大数据风控铁笼"，整个构架涵盖了市场准入监管、互联网金融产品备案监管、互联网金融业务信息披露监管、互联网金融内控制度及风险管理制度的监管、互联网金融的资金托管监管和投资者服务监管等6个重大领域。

解放与铁笼是无论如何也不能配对的，可在众筹世界里，大数据铁笼可能会帮助众筹解放少走弯路，而这可能是贵阳弯道取直的理念体现！

一个大众筹时代已然到来。2015年5月27日贵阳众筹金融交易所出现的时候，10月23日至26日世界众筹大会（大赛）成功举办的时候，大数据风控体系引入众筹领域的时候，我们已经深刻体会到属于众筹的大时代已然降临！2016年，在贵阳大数据金融信用体系建设及发展论坛召开前夕，一个世界级的众筹联盟正得到更多国家、城市的积极响应，成立指日可待。在贵阳建设全球大数据金融中心的发展进程中，众筹的解放将促进世界众筹之都建设和发展。

◀ 2015年5月26日，首届大数据峰会，刘文献院长与马云深度交流众筹金融交易所。

▲ 2015年5月25日，贵州省委书记陈敏尔亲切接见刘文献院长，听取关于世界众筹大会和众筹金融交易所的工作汇报。

▶ 2015年5月26日，在首届大数据峰会欢迎晚宴上，刘文献院长、何永智与马化腾开展战略合作交流对话。

2015年5月27，贵阳市委书记陈刚为贵阳众筹金融交易所交易所开业揭牌。

2015年5月，刘文献院长与贵州金融城的建设者、上市公司中天城投集团董事长罗玉平合作交流。

2015年6月14日,贵阳众筹金融交易所董事长刘文献(左一)为国务院财政部副部长刘昆(右一),贵州省委常委、贵阳市委书记陈刚(右二)一行讲解众筹所工作。

国务院督察组领导莅临贵阳众筹金融交易所指导工作。

▶ 2015年7月，承德双滦区区委书记路立营率领代表团考察交易所，并出席双滦区企业在众筹所新五板挂牌仪式。

▼ 2016年9月，贵阳市委书记陈刚亲切接待"中国房地产之父"、国务院发展研究中心RIETs课题组组长孟晓苏一行，探讨政府公共资源的RIETs发行及交易。

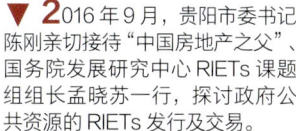

▲ 2016年9月，苏州银行董事长王兰风一行考察众筹所探讨银、交合作。

◀ 2016年9月5日，杨澜、吴征携阳光七星娱乐媒体集团高层一行莅临贵阳众筹金融交易所指导工作。

2015世界众筹大会开幕式现场。李瑞桥摄

2015年10月,贵州省委副书记、省长孙志刚在世界众筹大会开幕式上发表重要讲话。
"举全力打造世界众筹之都,让梦想之花结出事业之果。"

2015年10月,世界众筹大会,贵州省委常委、贵阳市委书记陈刚出席大会。
"众筹是一个新生事物,是未来发展滚滚洪流中的一个风帆。"

2015年10月,中国人民银行原副行长李东荣在世界众筹大会开幕式上发表讲话。

2015年10月,博鳌亚洲论坛国际咨询委员会委员龙永图在世界众筹大会开幕式上发表讲话。
"互联网金融,包括众筹,它的基础就是大数据产业。"

2015年10月,中国人民大学法学院副院长、金融科技与互联网安全研究中心主任杨东出席世界众筹大会并发表讲话。
"互联网+金融=众筹金融,众筹金融改变一切。"

2015年10月,贵阳众筹金融交易所董事长刘文献在世界众筹大会开幕式上发言。
"解放众筹,建设中国资本市场新五板。"

2015年10月,加拿大前副总理希拉－科普斯在世界众筹大会开幕式上发表讲话。

2015年10月,美国众筹专业协会董事局秘书长史考特－麦克林区在世界众筹大会开幕式上发表讲话。
"汇聚梦想是众筹的最终理念。"

2015年10月24日,中国品牌第一人李光斗先生在世界众筹大会开幕式上发表讲话。

2015年10月,世界众筹大会全民双创众筹大赛500强项目路演现场。

十二届全国人大常委会委员、全国人大财政经济委员会副主任委员吴晓灵听取刘文献院长汇报工作并亲切合影。

2015年10月27日首届世界众筹大会在贵阳圆满落幕。

2015年4月,中国驻英大使馆副馆长倪坚公使亲切接见贵阳政府访英代表团。

2015年4月,英国利物浦市副市长盖瑞·米勒亲切接见刘文献院长。

2015年4月,刘文献院长访问英国马恩岛。

2015年4月,英国马恩岛政府与众筹金融交易所达成战略合作意向。

◀ 2016年4月，英国前司法部长尼尔·德围与刘文献院长交流众筹金融监管政策。

▼ 2016年4月，刘院长向英国利兹市市长朱迪恩赠送《众筹金融＋》书籍。

▲ 2016年4月，英国著名金融城市利兹市市长朱迪恩与贵阳市副市长王玉祥互赠城市纪念品。

▶ 2016年4月，贵阳众筹金融代表团与伦敦大学金融学院院长克里斯汀·奥顿教授等商议与大数据金融学院合作培养众筹金融博士计划。

◀ 2016年4月,刘院长向爱尔兰国科克市市长奥利里赠送《众筹金融生态》书籍。

◀ 2016年4月,刘文献院长在英国利兹市与英国众筹中心创始人巴里·詹姆斯签署《世界众筹联盟倡议书》,贵阳众筹金融代表团成员见证了这一重要时刻。
见证这一重要时刻的代表团成员分别是:贵阳市王玉祥副市长、金融办主任罗佳玲、卓越科技董事长李梓正、贵山基金总经理王恒壮、百汉金融董事长程耀辉、中企业路演董事长王兮泽。